DINOSAURIER

DAS GROSSE LEXIKON

CARLSEN

Klimaneutrales Produkt

Originalausgabe Dinosaurs – A Spotter's Guide

Published by Earth Aware Kids
Created by Weldon Owen Children's Books
A subsidiary of Insight International, LP.
PO Box 3088
San Rafael, CA 94912
Produced by iSeek Ltd
1A Stairbridge Court, Bolney Grange Business Park, Haywards Heath, RH17 5PA, UK
12 Hatch Street Lower, Dublin D02 R682, Ireland

Text: Michael K. Brett-Surman
Beratung: Dr. Neil Clark, Hunterian Museum

Illustrationen: Anne Bowman, John Bull, Peter Bull Art Studio, Leonello Calvetti, Barry Croucher/The Art Agency, Wendy de Paauw, Simone End, Christer Eriksson, Cecilia Fitzsimons/The Art Agency, Chris Forsey, John Francis/Bernard Thornton Artists UK, Murray Frederick, Lee Gibbons, Malcolm Godwin, Gino Hasler, Philip Hood/The Art Agency, Robert Haynes, Steve Kirk/The Art Agency, David Kirshner, Frank Knight, David McAllister, James McKinnon, James McKinnon and Peter Bull Art Studio, Colin Newman/Bernard Thornton Artists UK, Nicola Oram/Pixelshack, Mick Posen/The Art Agency, Tony Pyrzakowski, Luis Rey/The Art Agency, John Richards, Andrew Robinson/Garden Studio, Peter Schouten, Peter Scott/The Art Agency, Marco Sparaciari, Kevin Stead, Franco Tempeta, Anne Winterbotham

Übersetzung: Britta Meinass, Eva Sixt
Lektorat: Linda Hartwig
Redaktion: Caroline Jacobi
Grafik: Anje Volber
Herstellung: Wiebke Düsedau
Made in China
iSeek/China/CA/SZ/05-24/3922/16788

www.carlsen.de

Futalognkosaurus

Stegosaurus

Fruitadens

Euskelosaurus
Gargoyleosaurus
Albertaceratops

INHALT

DINOSAURIER-WISSEN

WAS IST EIN DINOSAURIER?

Bis heute wurden Fossilien von über 1000 verschiedenen Dinosaurier-Arten entdeckt. Das Wort „Dino" kommt aus dem Griechischen und bedeutet „schrecklich", „Saurier" heißt übersetzt „Echse". „Dinosaurier" bedeutet also „schreckliche Echse". Einige Dinosaurier waren größer als ein Bus, andere klein wie ein Huhn. Aber sie alle liefen auf Beinen, die sich direkt unter ihrem Körper befanden – sie waren die einzigen Reptilien, die jemals so liefen. Alle Dinos legten Eier, während manche eine schuppige Haut hatten, trugen andere ein federartiges Gewand.

Aus dem Ei geschlüpft
Alle Dinosaurier schlüpften aus einem Ei. Ihre Panzer, Stacheln und Hörner entwickelten sich erst, wenn sie älter wurden.

Stabiles Kreuzbein
Die Dinosaurier verfügten über ein sehr stabiles Kreuzbein. Damit gemeint ist die Verbindung vom Hüftknochen mit der Wirbelsäule.

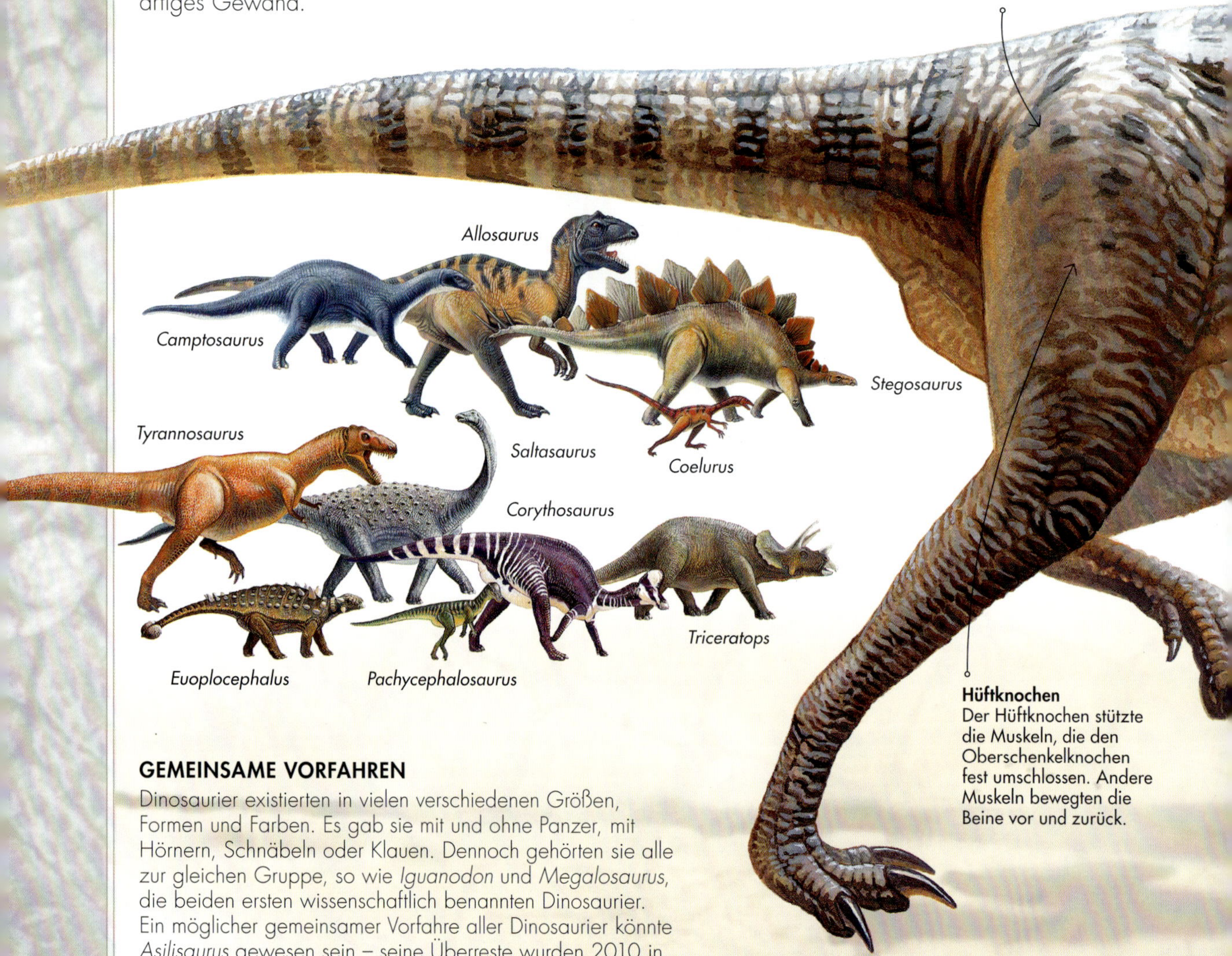

Hüftknochen
Der Hüftknochen stützte die Muskeln, die den Oberschenkelknochen fest umschlossen. Andere Muskeln bewegten die Beine vor und zurück.

GEMEINSAME VORFAHREN

Dinosaurier existierten in vielen verschiedenen Größen, Formen und Farben. Es gab sie mit und ohne Panzer, mit Hörnern, Schnäbeln oder Klauen. Dennoch gehörten sie alle zur gleichen Gruppe, so wie *Iguanodon* und *Megalosaurus*, die beiden ersten wissenschaftlich benannten Dinosaurier. Ein möglicher gemeinsamer Vorfahre aller Dinosaurier könnte *Asilisaurus* gewesen sein – seine Überreste wurden 2010 in Tansania entdeckt.

Kopf
Manche Dinos trugen einen ungewöhnlichen Kopfschmuck. Dieser Kamm diente dazu, einen Partner anzulocken oder Rivalen abzuschrecken.

Aufrechte Haltung
Die direkt unter dem Körper stehenden Beine konnten ein hohes Körpergewicht tragen. Sie ermöglichten auch längere Schritte.

Längster Finger
Der längste Finger der Hand war, besonders bei den Theropoden, zum Greifen vorgesehen.

DILOPHOSAURUS

Dieser Theropode aus der Trias war typisch für frühe zweibeinige Dinosaurier. Die Arme trugen nicht mehr das Körpergewicht, wie bei vierbeinigen Dinosauriern, sondern waren für die Jagd angepasst. Der Körperschwerpunkt hatte sich nach hinten zum Becken verlagert, was das Balancieren auf zwei Beinen leichter machte.

WAS IST KEIN DINOSAURIER?

Während des Mesozoikums (so wird das Erdmittelalter vor 252–66 Millionen Jahren genannt) gab es bis zu 40 Gruppen von Reptilien. Nur zwei davon waren Dinosaurier. Dinosaurier lebten nicht im Wasser. Mit Ausnahme der Flugsaurier hatten fast alle anderen Reptilien eine abgespreizte Beinstellung. Frühe Dinos konnten nicht fliegen – Flugsaurier oder fliegende Reptilien schon.

Flugsaurier
Flugsaurier (Pterosaurier) waren die Cousins der Dinosaurier. Es gab zwei Gruppen: Langschwanzflugsaurier (vorherrschend im Jura) und Kurzschwanzflugsaurier (vorherrschend in der Kreidezeit).

Scaphognathus

Nothosaurier
Meeresbewohnende Reptilien, deren Name „falsche Echse" bedeutet. Sie ähnelten den späteren Plesiosauriern, entwickelten sich aber während der Trias.

Nothosaurus

Pelycosaurier
Diese Synapsiden, früher „säugetierartige Reptilien" genannt, waren reptilienartige Tetrapoden, die sich zu Säugetieren entwickelten. *Dimetrodon* lebte 75 Millionen Jahre vor den Dinosauriern.

Dimetrodon

Pliosaurier
Diese Gruppe von Meeresräubern hatte einen kurzen Hals und einen länglichen Kopf – im Unterschied zu ihren Verwandten, den langhalsigen Plesiosauriern.

Liopleurodon

Krokodile
Es gab Dutzende von Krokodilarten. Manche lebten an Land, andere im Meer. *Bernissartia*, das kleinste, war nur etwa 60 cm lang.

Bernissartia

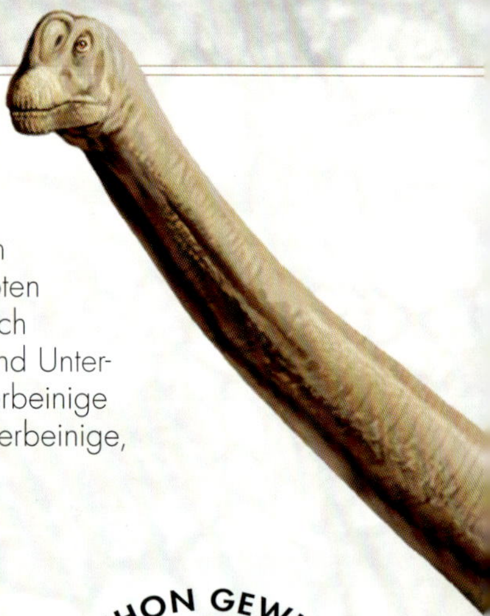

DINOSAURIER-GRUPPEN

Zu den Dinos gehörten einige der größten und längsten Tiere, die je gelebt haben. Während ihrer 165 Millionen Jahre auf der Erde passten sich verschiedene Gruppen von Dinosauriern an viele Umgebungen an. Sie lebten in fast allen Regionen und Klimazonen. Auch an andere Tiere mussten sie sich anpassen, ebenso wie an andere Dinosaurier, die mit ihnen um Nahrung und Unterschlupf konkurrierten. So gab es zweibeinige Fleischfresser, langhalsige, vierbeinige Pflanzenfresser, zweibeinige Pflanzenfresser mit und ohne Entenschnabel, vierbeinige, gehörnte Pflanzenfresser mit kurzem Schwanz – und noch viele mehr!

ENTENSCHNABELDINOSAURIER

Diese Dinos konnten mit ihrem Schnabel Blätter und Pflanzenstängel abschneiden. Hunderte von Backenzähnen dienten zum Kauen der Nahrung. Jeder der vier Kieferknochen hatte drei Reihen mit 60 Zähnen – insgesamt ergab das also 720 Zähne!

Lambeosaurus
Mit einem hohlen Kamm auf seinem Kopf machte dieser Entenschnabeldinosaurier vermutlich nebelhornartige Geräusche.

Der breite „Schnabel" war ein erweiterter, mit Haut bedeckter Nasenknochen oder ein Hornschnabel.

SCHON GEWUSST?

Einen typischen Dinosaurier gab es nicht. Die zahlreichen Dinosaurierarten waren viel zu verschieden, um einen „Durchschnitts-Dino" mit Größe, Länge oder Gewicht nennen zu können.

STEGOSAURIER

Stegosaurus hatte im Verhältnis zum Rest seines Körpers einen kleinen Kopf. Er gehörte zu den vierbeinigen, gepanzerten Pflanzenfressern.

CERATOPSIER

Albertaceratops hatte Hörner und Stacheln am Kopf, aber nicht an seinem Körper. Er war ein vierbeiniger Pflanzenfresser mit einem kurzen Schwanz.

LANGHALSIGER SAUROPODE

Patagotitan war ein langhalsiger, vierbeiniger Pflanzenfresser. Mit etwa 35 m Länge und einem Gewicht von über 66 t zählt er zu den größten Tieren, die jemals gelebt haben.

THEROPODEN

Die meisten Theropoden zählten zu den zweibeinigen Fleischfressern. Fast immer waren sie leicht gebaut und hatten große Köpfe. Ihre Zähne konnten messerscharf sein und hatten kleine Zacken (wie die Kante einer Säge).

Dilong
Theropoden waren nicht nur die ersten Tiere, die auf zwei Beinen standen, sondern auch die ersten Tiere mit Federn. *Dilong* hatte Körperfedern, konnte aber nicht fliegen.

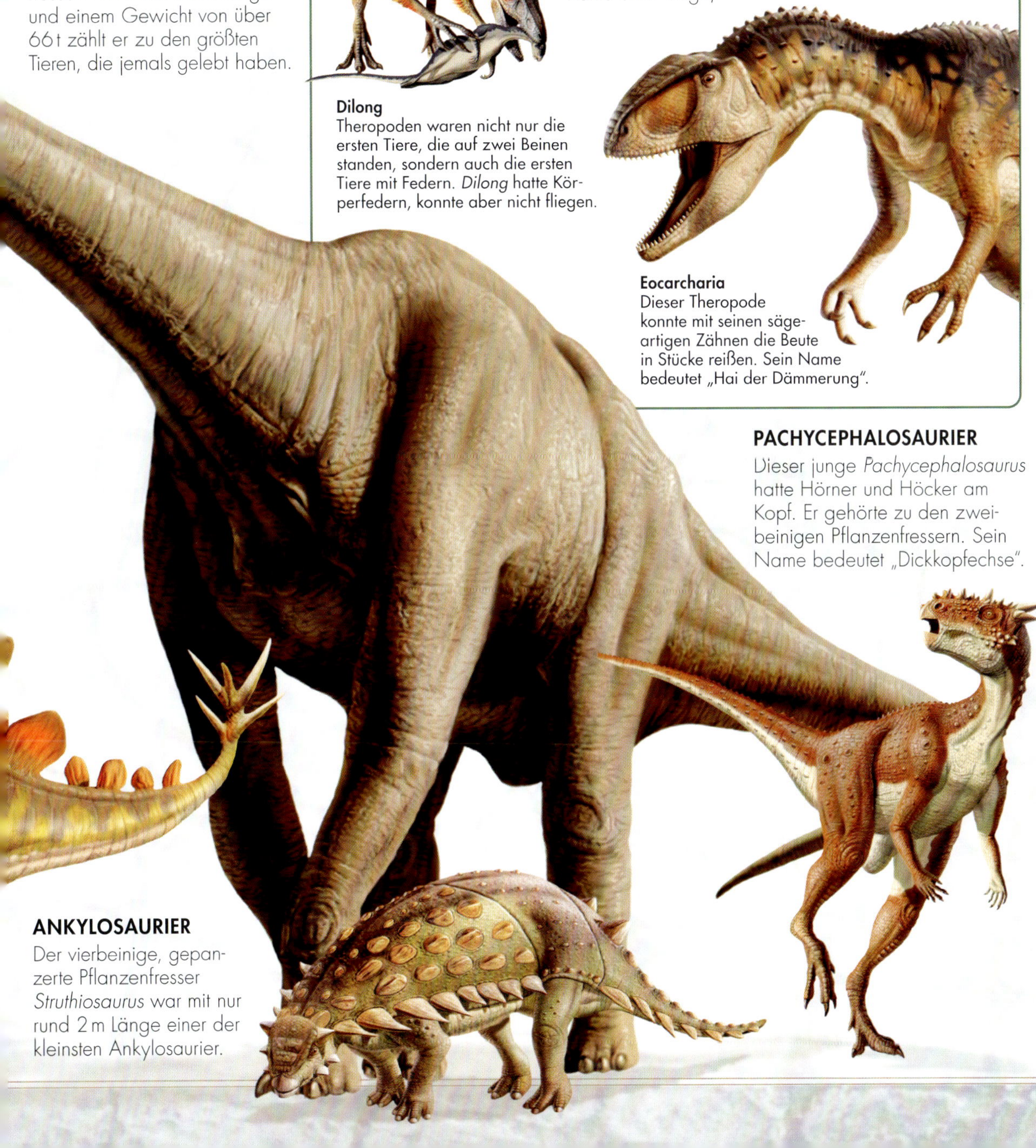

Eocarcharia
Dieser Theropode konnte mit seinen sägeartigen Zähnen die Beute in Stücke reißen. Sein Name bedeutet „Hai der Dämmerung".

PACHYCEPHALOSAURIER

Dieser junge *Pachycephalosaurus* hatte Hörner und Höcker am Kopf. Er gehörte zu den zweibeinigen Pflanzenfressern. Sein Name bedeutet „Dickkopfechse".

ANKYLOSAURIER

Der vierbeinige, gepanzerte Pflanzenfresser *Struthiosaurus* war mit nur rund 2 m Länge einer der kleinsten Ankylosaurier.

VERSCHIEDENE HÜFTEN

Dinosaurier werden in zwei Hauptgruppen unterteilt: die Saurischier („Echsenbeckendinosaurier") und die Ornithischier („Vogelbeckendinosaurier"). Die Hüfte (oder das Becken) bestand aus drei Knochen: Schambein, Darmbein und Sitzbein. Muskeln verbanden das Schambein mit den Rippen, was den Dinos beim Atmen half und den Darm stützte. Bei den Echsenbeckendinosauriern zeigte das Schambein nach vorn und unten. Bei den pflanzenfressenden Vogelbeckendinosauriern wies das Schambein nach hinten und diente eher als Atemhilfe denn als Stütze für den Darm.

SCHON GEWUSST?

Obwohl Vogelbeckendinosaurier „Vogelhüften" hatten, entwickelten sich die Vögel aus den Echsenbeckendinosauriern.

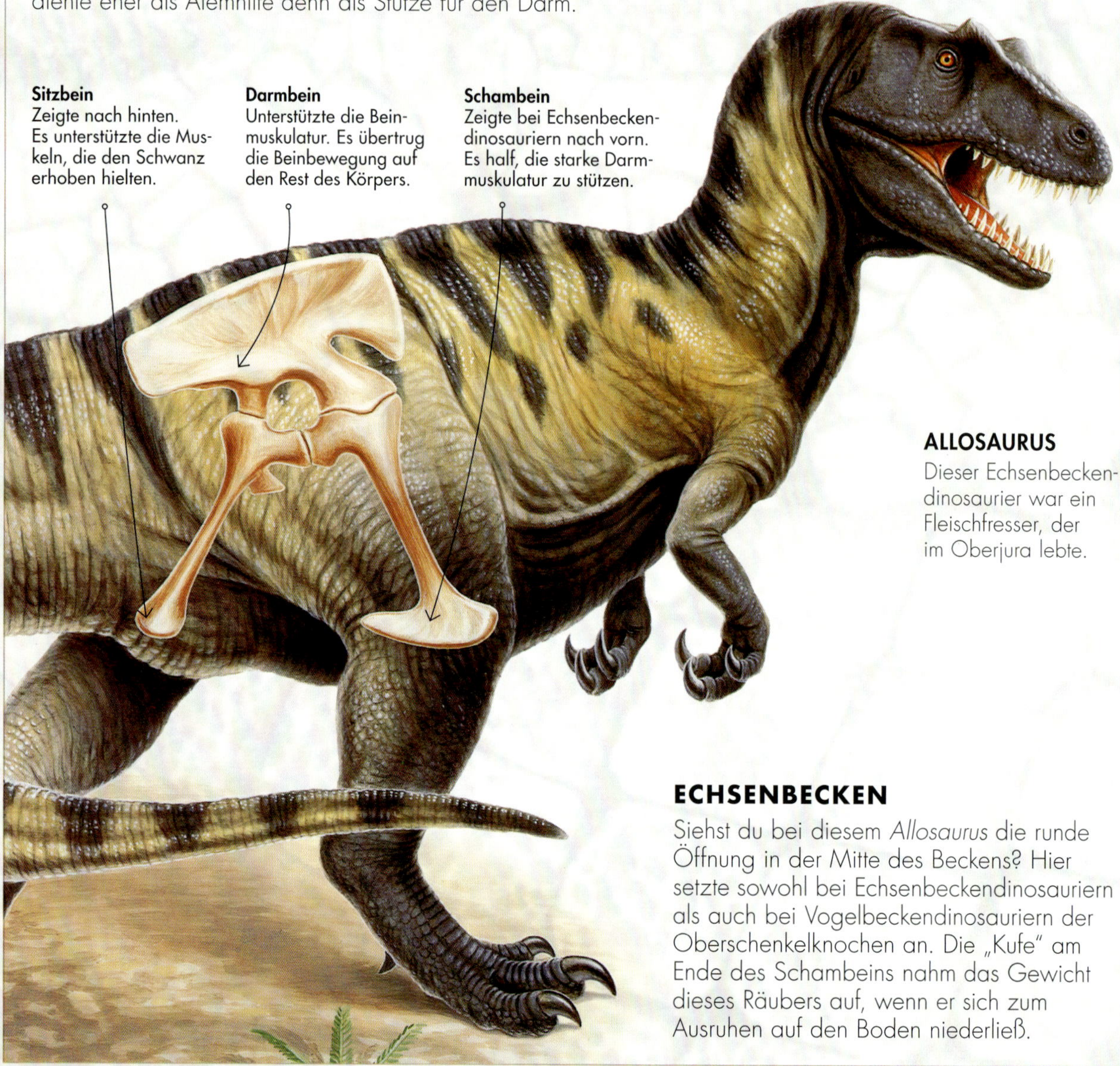

ALLOSAURUS

Dieser Echsenbeckendinosaurier war ein Fleischfresser, der im Oberjura lebte.

ECHSENBECKEN

Siehst du bei diesem *Allosaurus* die runde Öffnung in der Mitte des Beckens? Hier setzte sowohl bei Echsenbeckendinosauriern als auch bei Vogelbeckendinosauriern der Oberschenkelknochen an. Die „Kufe" am Ende des Schambeins nahm das Gewicht dieses Räubers auf, wenn er sich zum Ausruhen auf den Boden niederließ.

AUFRECHT STEHEN

Bei allen Dinosauriern waren die Beckenknochen auf die gleiche Art mit den Beinknochen verbunden. Dinos standen aufrecht und konnten daher weiter und schneller gehen als lang gestreckte Reptilien, deren Beine nach außen zeigten.

Beine nach außen
Eidechsen haben seitlich vom Rumpf abgespreizte Beine. Sie schwenken sie vor, um sich fortzubewegen.

Nach unten oder außen
Die halb gespreizten Beine der Krokodile halten schweres Körpergewicht, eignen sich aber nicht für weite Strecken an Land.

Beine nach unten
Dinosaurier konnten ihre Gliedmaßen unter ihrem Körper vor und zurück bewegen – eine effiziente Art der Fortbewegung.

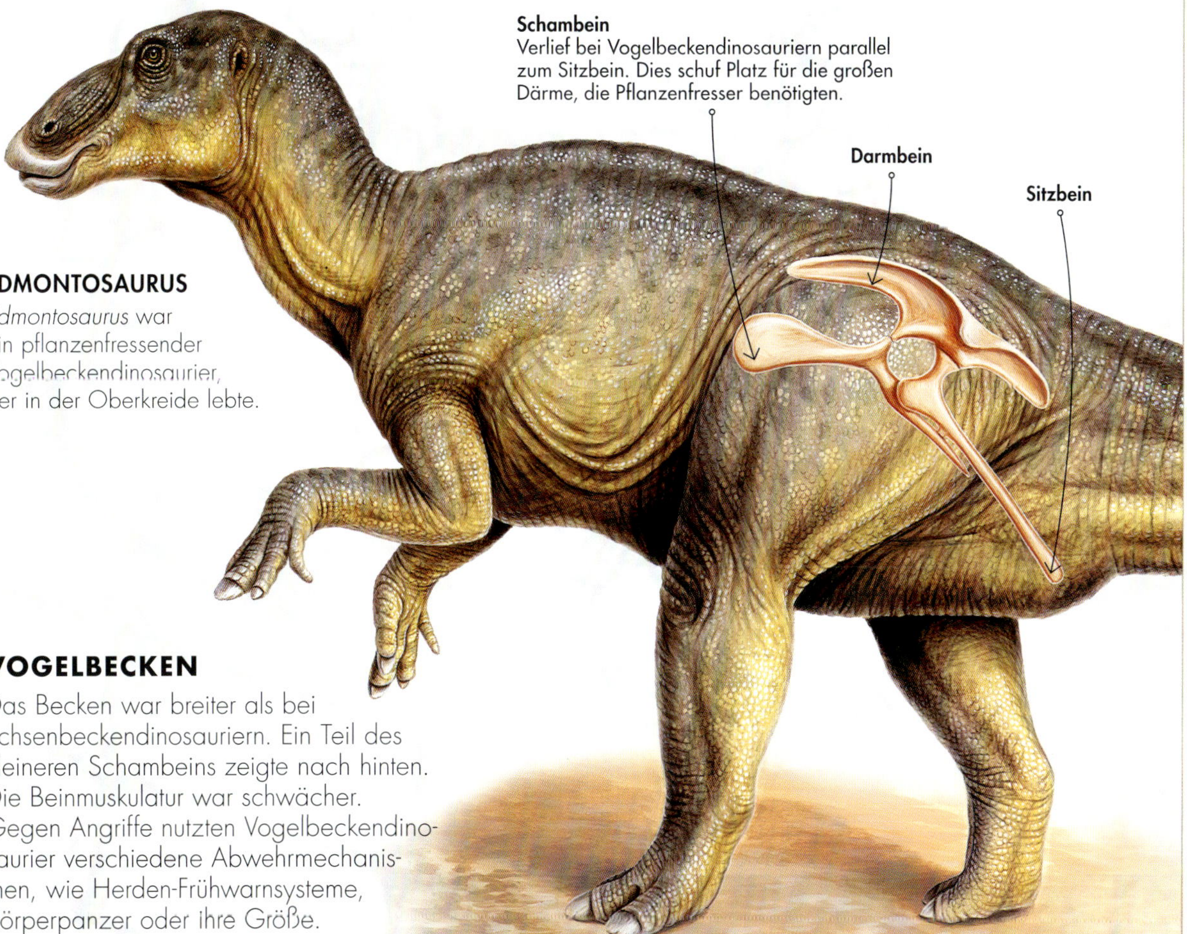

EDMONTOSAURUS

Edmontosaurus war ein pflanzenfressender Vogelbeckendinosaurier, der in der Oberkreide lebte.

VOGELBECKEN

Das Becken war breiter als bei Echsenbeckendinosauriern. Ein Teil des kleineren Schambeins zeigte nach hinten. Die Beinmuskulatur war schwächer. Gegen Angriffe nutzten Vogelbeckendinosaurier verschiedene Abwehrmechanismen, wie Herden-Frühwarnsysteme, Körperpanzer oder ihre Größe.

ERNÄHRUNG

Pflanzenfressende Dinosaurier fraßen die damals am häufigsten vorkommenden Pflanzen: Palmfarne, Farne und Koniferen. Diese waren viel weniger nahrhaft als heutige Blütenpflanzen, sodass die Pflanzenfresser die ganze Zeit fressen mussten. Ihr Essen wanderte in ihre riesigen Eingeweide und blieb dort lange Zeit, um alles Nahrhafte daraus zu verwerten. Fleischfressende Dinosaurier verfügten über starke, scharfe Krallen. Sie hatten kräftige Kiefermuskeln und gefährliche Reißzähne, mit denen sie ihre Beute erlegten.

ZÄHNE UND KIEFER

Die frühesten pflanzenfressenden Dinosaurier hatten dicke, überall mit Zahnschmelz bedeckte Zähne. Bei späteren Dinosauriern befand sich der Zahnschmelz nur auf einer Seite der Zähne. Während sich beim Fressen zäher Pflanzen das weichere Dentin auf einer Seite abnutzte, blieb der harte Zahnschmelz stehen und bildete eine scharfe Kante. So schärften sich die Zähne von selbst! Außerdem wuchsen sie ständig nach.

Othnielia fraß kleine Blätter. Von den Zähnen dieses Dinos ragten einige nur 0,3 cm über den Zahnfleischrand, daher fraß er nur weiche Blätter.

STEGOSAURUS

Dieser gepanzerte Pflanzenfresser ernährte sich von Farnen, Palmfarnen und Nadelbäumen. Da diese Pflanzen nur langsam nachwuchsen, war *Stegosaurus* ständig auf der Suche nach neuem Futter.

SCHON GEWUSST?

Manche Dinosaurier schluckten Steine. Ihr Kaumagen (ein Muskelorgan) ließ die Steine zusammenstoßen, um die Nahrung zu zermahlen.

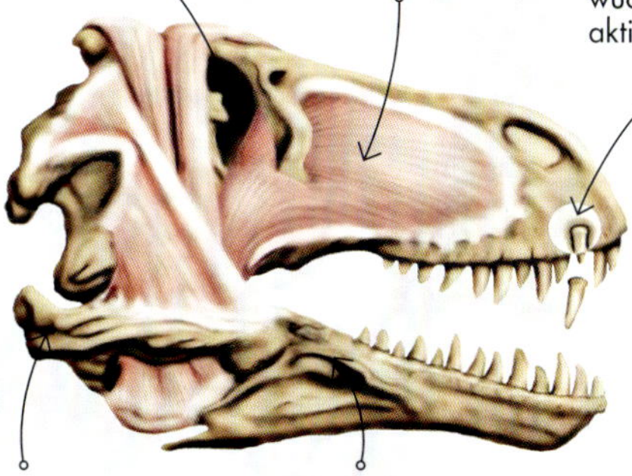

KNOCHENBRECHER

Tyrannosaurus hatte kräftige Kiefermuskeln, die es ihm ermöglichten, die Knochen seiner Beute zu zerquetschen. In der Mitte des Kiefers saß ein zusätzliches Gelenk, mit dem *Tyrannosaurus* sein Maul besonders weit aufreißen und extra große Bissen verschlingen konnte.

SCHON GEWUSST?

Als Tyrann bezeichnet man einen strengen Herrscher. Der Name *Tyrannosaurus* bedeutet „Tyrannenechse".

SCHNELLE FLUCHT

Das Bild zeigt einen Fleischfresser aus der Trias bei der Jagd auf eine Eidechse. Theropoden der Trias hatten ihre riesigen Größen noch nicht erreicht, daher war jede Beute, die vom Boden aus 3 m hoch klettern konnte, in Sicherheit – es sei denn, ein Flugsaurier befand sich in der Nähe.

GEFÜRCHTETER TYRANNOSAURUS

Unter den zweibeinigen Mega-Räubern war *Tyrannosaurus* einer der tödlichsten Killer aller Zeiten. Seine Schrittlänge betrug fast 4 m und in seinem riesigen Maul knirschten mehr als 50 messerscharfe Zähne.

Tyrannosaurus zerriss seine Beute in Stücke. Er konnte 20 kg Fleisch auf einmal herunterschlucken.

KÖRPERBAU EINES DINOSAURIERS

Der Körper eines Dinosauriers war so ähnlich wie der von vielen heutigen Landtieren, in seiner Struktur ähnelte er jedoch Krokodilen und Vögeln. Zweibeinige Dinosaurier hatten manchmal Arme zum Greifen, manchmal dienten ihre Arme auch zum Fliegen oder Gleiten. Die Hälse aller Dinosaurier mussten beweglich genug sein, um die Nahrung zu erreichen, und ihre Köpfe groß genug, um die Nahrung zu fressen. Zum Verdauen der Nahrung und zum Atmen war eine gewisse Körpergröße notwendig. Um ihre Körper zu tragen, sodass sie laufen oder rennen konnten, brauchten die Dinos starke Beine. Ihre Schwänze mussten lang und schwer genug sein, um die Balance zu halten oder damit zu kämpfen.

Die Muskeln
Muskeln ermöglichten dem Dino Bewegung, sorgten aber auch für Halt. Dinosaurier mit vielen oder dicken Muskeln konnten sich nicht so schnell bewegen wie schlankere Dinosaurier. Die Muskeln zweibeiniger Dinos mussten alles ausbalancieren, damit die Tiere nicht nach vorne kippten.

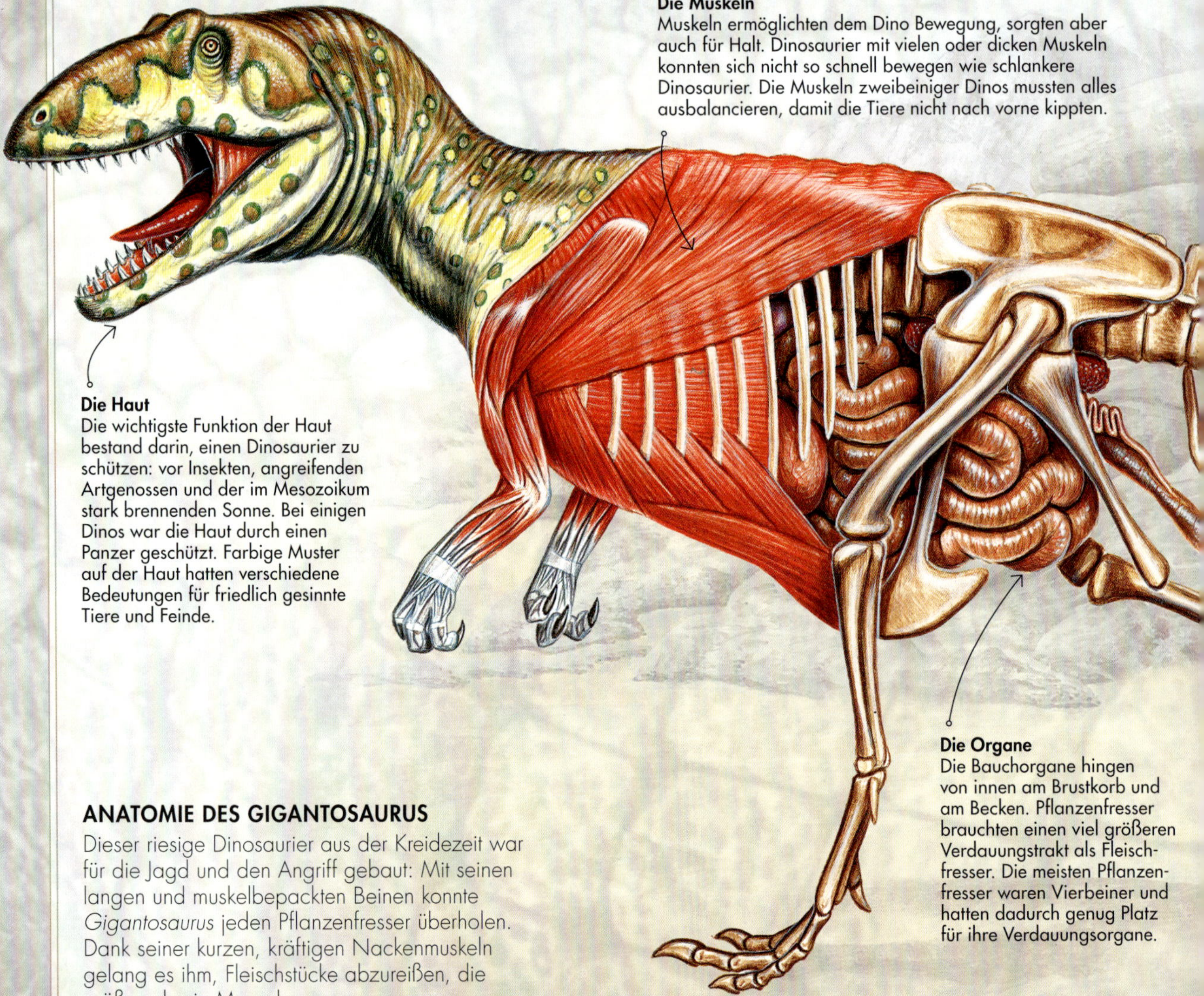

Die Haut
Die wichtigste Funktion der Haut bestand darin, einen Dinosaurier zu schützen: vor Insekten, angreifenden Artgenossen und der im Mesozoikum stark brennenden Sonne. Bei einigen Dinos war die Haut durch einen Panzer geschützt. Farbige Muster auf der Haut hatten verschiedene Bedeutungen für friedlich gesinnte Tiere und Feinde.

Die Organe
Die Bauchorgane hingen von innen am Brustkorb und am Becken. Pflanzenfresser brauchten einen viel größeren Verdauungstrakt als Fleischfresser. Die meisten Pflanzenfresser waren Vierbeiner und hatten dadurch genug Platz für ihre Verdauungsorgane.

ANATOMIE DES GIGANTOSAURUS

Dieser riesige Dinosaurier aus der Kreidezeit war für die Jagd und den Angriff gebaut: Mit seinen langen und muskelbepackten Beinen konnte *Gigantosaurus* jeden Pflanzenfresser überholen. Dank seiner kurzen, kräftigen Nackenmuskeln gelang es ihm, Fleischstücke abzureißen, die größer als ein Mensch waren.

ORGANE UND MUSKELN

Hin und wieder haben Paläontologen das Glück, Dinosaurier-Fossilien zu entdecken, die innere Organe, Muskeln und Haut bewahrt haben. Mit modernster Technologie können sie in das Innere des Gesteins schauen, das die Fossilien umgibt. So müssen sie heute nicht mehr Jahre damit verbringen, das Gestein vorsichtig abzutragen.

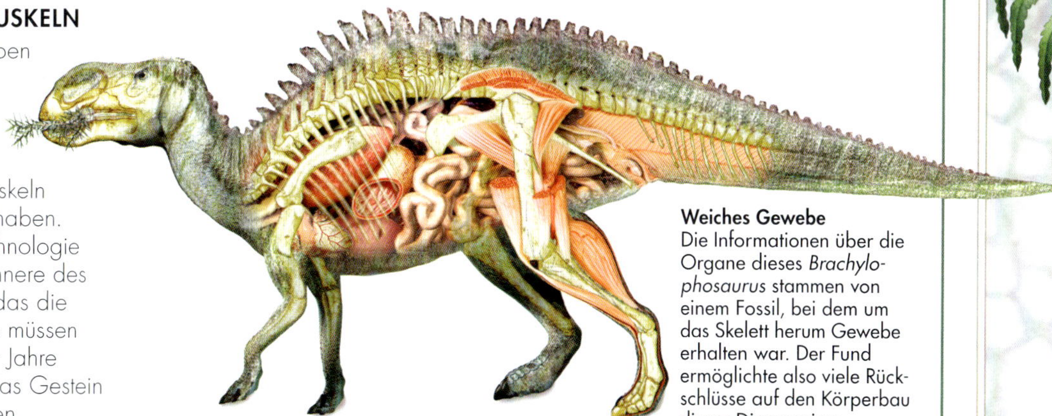

Weiches Gewebe
Die Informationen über die Organe dieses *Brachylophosaurus* stammen von einem Fossil, bei dem um das Skelett herum Gewebe erhalten war. Der Fund ermöglichte also viele Rückschlüsse auf den Körperbau dieses Dinosauriers.

SCHON GEWUSST?
Wie Dinosaurier liefen, lernen Forschende, indem sie Strauße studieren – denn die Anatomie von Dino- und Straußenbeinen ist sehr ähnlich.

Die Knochen
Knochen hatten noch andere Funktionen als die, das Körpergewicht zu tragen. Bei vielen zweibeinigen Pflanzenfressern waren die Knochen von Hals und Beinen hohl. Dadurch konnten sie sich schneller bewegen. An einzigartigen, typischen Knochen erkennen Forschende oft, um welchen Dinosaurier es sich handelt.

Rückensegel
Die zahlreichen Blutgefäße in der Haut ermöglichten ein schnelles Aufheizen oder Abkühlen des gesamten Körpers. Das ganze Segel des *Ouranosaurus* war am Rückgrat verankert.

SEGEL DES OURANOSAURUS

Das Rückensegel eines *Ouranosaurus* war fast 1 m hoch. Wahrscheinlich diente es dazu, die Temperatur zu regulieren, vielleicht wurde es auch als Drohgebärde und zur Erkennung eingesetzt. Das Segel ließ den Dino außerdem größer erscheinen.

Schutz
Erwachsene Tiere nutzten wahrscheinlich ihre eigenen Körper, um frisch geschlüpften Jungen, die noch keine groß gewachsenen Segel hatten, Schatten zu spenden.

SKELETTE, SCHÄDEL UND HAUT

Zweibeinige Dinosaurier benutzten ihre Arme zur Verteidigung oder zum Sammeln von Nahrung und liefen oft mit hoher Geschwindigkeit auf ihren beiden Beinen. Vierbeiner waren im Allgemeinen viel schwerer und langsamer. Zum Schutz vor Insekten oder Kratzern musste die Haut eines Dinos dick sein. Man vermutet, dass die Haut einiger kleiner Dinos zur zusätzlichen Tarnung sogar die Farbe ändern konnte.

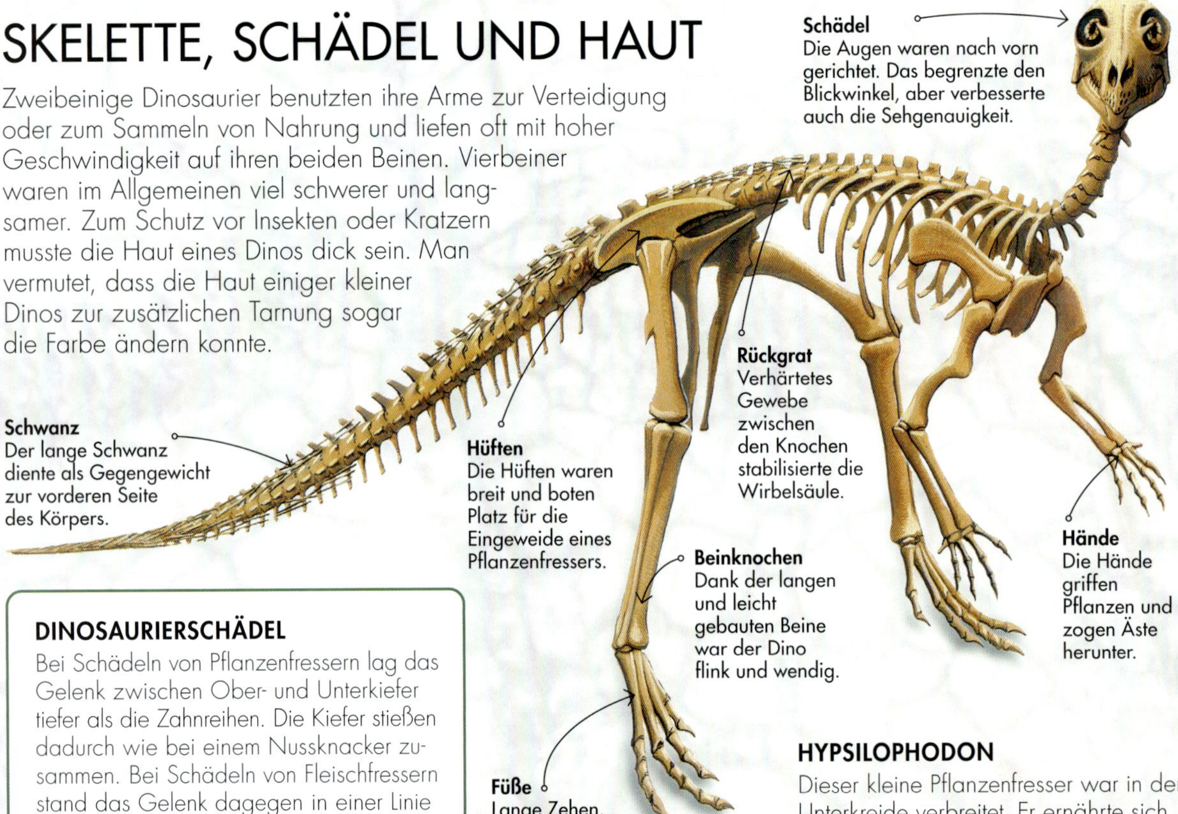

HYPSILOPHODON

Dieser kleine Pflanzenfresser war in der Unterkreide verbreitet. Er ernährte sich von weichen Pflanzen, die weniger als 2 m hoch waren.

DINOSAURIERSCHÄDEL

Bei Schädeln von Pflanzenfressern lag das Gelenk zwischen Ober- und Unterkiefer tiefer als die Zahnreihen. Die Kiefer stießen dadurch wie bei einem Nussknacker zusammen. Bei Schädeln von Fleischfressern stand das Gelenk dagegen in einer Linie mit den Zähnen, so trafen ihre Kiefer wie bei einer Schere aufeinander.

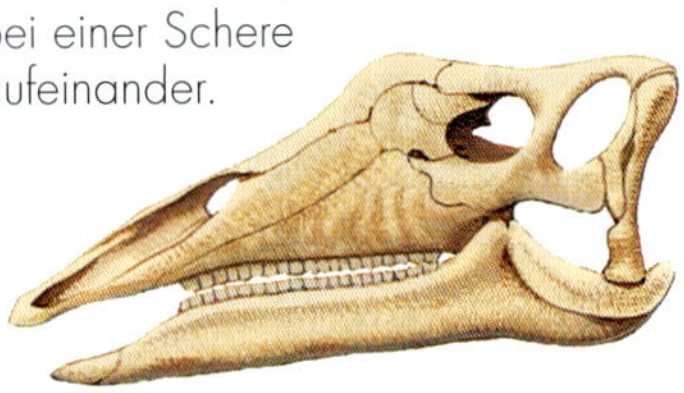

Ouranosaurus war ein Pflanzenfresser mit vielen Zähnen hinten im Maul. Dadurch hatten seine Kiefer eine kraftvolle Mahlwirkung.

Ceratosaurus war ein Fleischfresser, dessen Zähne vorn im Maul angeordnet waren. Die Hauptkraft des Bisses lag vorn.

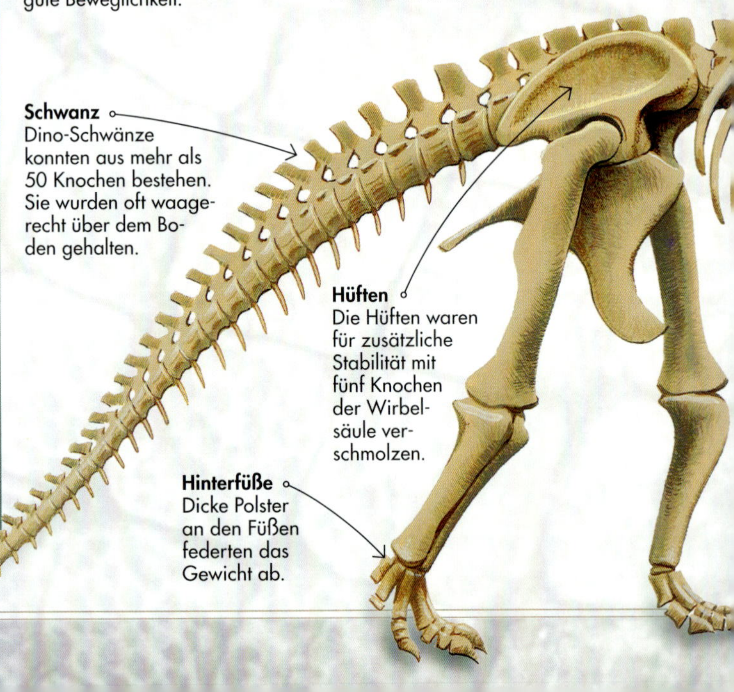

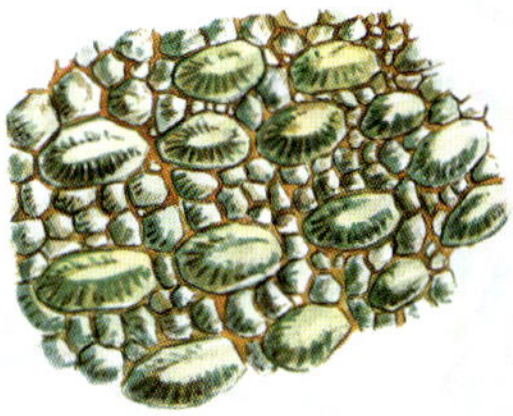

Knochenfest
In der Nähe des Rückgrats bestand die Dinosaurierhaut aus großen Knochenplatten. Dadurch war die Haut sehr hart.

Flexible Haut
Näher zum Bauch hin waren die Schuppen und knöchernen Platten kleiner und die Haut dadurch flexibler. So konnte sich der Bauch wölben, wenn er mit Nahrung gefüllt war.

Gefieder
Vielleicht war die Haut der frühesten Dinosaurier von Federn bedeckt. Allerdings gibt es (noch) nicht genügend Fossilien, um dies sicher zu bestätigen. Viele spätere Dinosaurier trugen auf jeden Fall Schuppen auf ihrer Haut.

FARBEN UND MARKIERUNGEN

Auch wenn es eher schwierig ist, herauszufinden, welche Farben Dinosaurier hatten, geben uns einige Fossilien eine gute Vorstellung davon. Die versteinerten Federn von *Anchiornis* etwa zeigen, dass er schwarz mit weißen Flügelspitzen war und eine rote Krone hatte. Andere Dinosaurier könnten gestreift, gefleckt oder bunt gewesen sein.

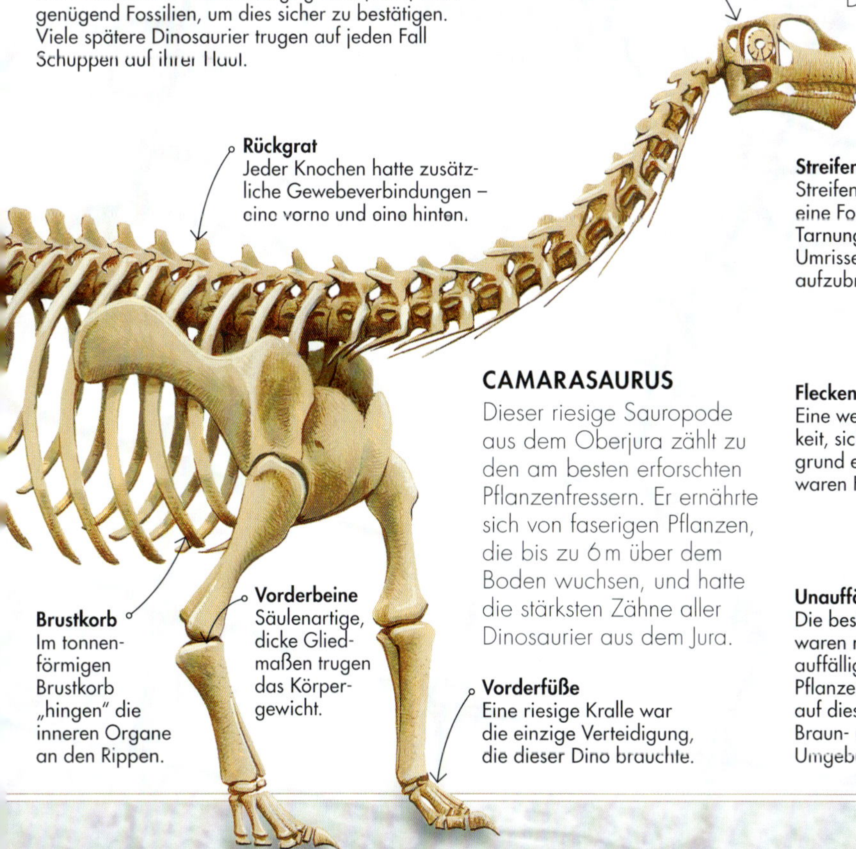

Schädel
In den Hohlräumen befanden sich die Kiefermuskeln.

Rückgrat
Jeder Knochen hatte zusätzliche Gewebeverbindungen – eine vorne und eine hinten.

Brustkorb
Im tonnenförmigen Brustkorb „hingen" die inneren Organe an den Rippen.

Vorderbeine
Säulenartige, dicke Gliedmaßen trugen das Körpergewicht.

CAMARASAURUS

Dieser riesige Sauropode aus dem Oberjura zählt zu den am besten erforschten Pflanzenfressern. Er ernährte sich von faserigen Pflanzen, die bis zu 6 m über dem Boden wuchsen, und hatte die stärksten Zähne aller Dinosaurier aus dem Jura.

Vorderfüße
Eine riesige Kralle war die einzige Verteidigung, die dieser Dino brauchte.

KREATIVE FARBE

Einige Wissenschaftler und Wissenschaftlerinnen glauben, dass Dinosaurier unauffällig gefärbt waren, um sich vor Feinden oder Beute zu verstecken. Andere denken, dass manche Dinos, wie die Entenschnabeldinosaurier, ihre Farbe änderten, um sich zu paaren oder ihr Territorium zu verteidigen.

Streifen
Streifen waren eine Form der Tarnung. Sie halfen, die Umrisse eines Dinosauriers aufzubrechen.

Flecken
Eine weitere Möglichkeit, sich in den Hintergrund einzufügen, waren Flecken.

Unauffällige Farben
Die beste Verteidigung waren manchmal unauffällige Farben. Große Pflanzenfresser fügten sich auf diese Weise in die Braun- und Grautöne ihrer Umgebung ein.

DAS GEHIRN UND DIE SINNE

Alle Tiere mit einer Wirbelsäule haben ein Gehirn mit Bereichen zum Denken, Bewegen und Fühlen. Die Größe und Form von Dinosauriergehirnen ergibt sich aus dem Raum, den sie innerhalb des fossilen Schädels hinterließen. Alle Dinos hatten im Vergleich zu Menschen winzige Gehirne. Das Gehirn eines kleinen Fleischfressers war im Verhältnis größer als das Gehirn eines riesigen Pflanzenfressers, denn ein Raubdino musste schlau sein.

GEHIRN

Wenn man ein Säugetier mit einem Dino gleicher Größe vergleicht, ist das Gehirn des Säugetiers viel größer. Säugetiere sind vermutlich schlauer, als Dinosaurier es waren. Die Gehirne einiger Dinosaurier erreichten etwa die Größe der Gehirne heutiger Vögel.

Stegosaurus hatte das kleinste Gehirn aller Vogelbeckendinosaurier, aber sein winziges Gehirn leistete Millionen von Jahren gute Dienste.

Für seine Körpergröße hatte *Troodon* eines der größten Gehirne aller Dinosaurier. Es half ihm, als schneller Jäger zu überleben.

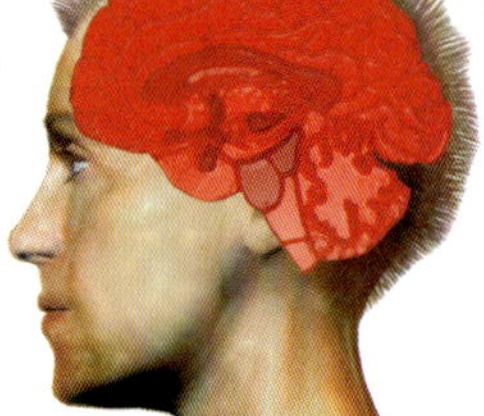

Der Mensch hat das größte Gehirn von allen terrestrischen (landgebundenen) Tieren. Ein menschliches Gehirn nimmt den größten Teil des Kopfes ein.

GERUCH UND GESCHMACK

Dank spezialisierter Zellen im Mund konnten Dinosaurier vermutlich die Luft schmecken. Das half vor allem bei der Nahrungssuche.

Iguanodon hatte einen guten Geruchs- und Geschmackssinn. Möglicherweise konnte er versteckte Feinde riechen.

SEHEN

Die meisten Pflanzenfresser hatten Augen, die in verschiedene Richtungen zeigten und ihnen ein weites Sichtfeld ermöglichten. Die Augen der meisten Fleischfresser zeigten nach vorn. Ihr Sichtfeld war eingeschränkter, aber sie konnten genauer und räumlich sehen.

Fossilien von *Troodon* zeigen, dass er große Augen hatte. Forschende nehmen daher an, dass er über ein gutes Sehvermögen verfügte.

HÖREN

Dinos hatten einen großen Ohrknochen und konnten niederfrequente Töne hören. Säugetiere weisen drei kleine Ohrknochen auf und können hochfrequente Töne hören. So wie heutige Krokodile waren eventuell auch Dinos in der Lage, Frequenzen wahrzunehmen, die für das menschliche Ohr zu niedrig sind.

Man vermutet, dass *Saurolophus* hupende Geräusche machte. Daher war sein Gehör wahrscheinlich gut genug, um Antworten von anderen zu hören.

KOMMUNIKATION

Kommunikation war für alle Dinos wichtig. Die Nachrichten konnten von „Ich habe Nahrung gefunden" bis „Da ist ein *Tyrannosaurus rex* hinter diesen Bäumen" reichen. Fernkommunikation erfolgte vermutlich über Ton. Kommunikation in der Nähe fand wahrscheinlich mehr über den Sehsinn statt. Auch Farbmuster waren wichtig. Farbe konnte Botschaften übermitteln, etwa „Ich werde dieses Territorium verteidigen" oder „Es ist Paarungszeit".

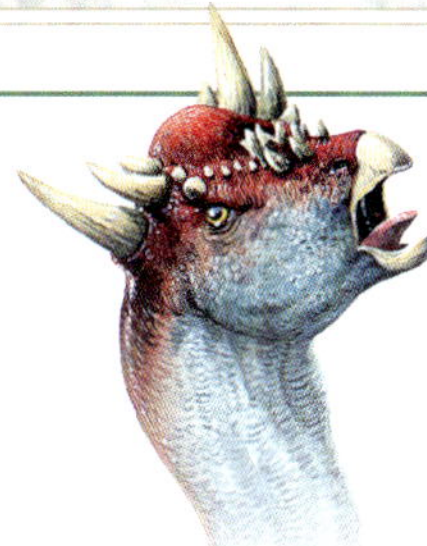

Ruf
Dieser Pachycephalosaurier konnte mit seinem Maul einen bestimmten Ruf erzeugen.

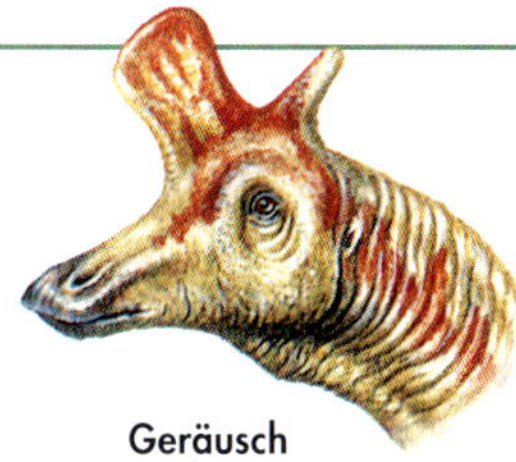

Geräusch
Hadrosaurier nutzten ihre Kopfkämme, um Geräusche in verschiedenen Tonhöhen zu machen.

Hupen
Manche Dinosaurier konnten mit einem aufblasbaren Luftsack hupen.

PARASAUROLOPHUS' HOHLER KAMM

Im Kamm dieses Hadrosauriers befand sich eine lange Luftkammer, die mit Nasengewebe ausgekleidet war. Die stark erweiterte Nasenkammer konnte die Luft befeuchten und den Geruchssinn verbessern. Vielleicht brachte der Dino damit trompetende Geräusche hervor.

SIGNALE SENDEN

Dieser Hadrosaurier nutzte seinen aufblasbaren Nasensack wie ein rohrförmiges Musikinstrument. Er konnte vermutlich verschiedene Geräusche erzeugen, indem er die Muskeln um seine Nasenlöcher anspannte. Auch die Form und Farbe des Nasensacks veränderte sich.

Ausgeblasener Nasensack

Aufgeblasener Nasensack

EIER UND BRUTPFLEGE

Dinosaurier legten ihre Eier auf unterschiedliche Weise ab. Einige Arten nisteten in Kolonien, andere bauten ihre Nester einzeln oder legten die Eier einfach auf den Boden. Manche Dino-Eltern kümmerten sich um ihre Jungen, genau wie heute die Vögel. Andere überließen das Gelege seinem Schicksal, wie viele heute lebende Eidechsen und Schildkröten.

Früh selbstständig
Wenn ein kleiner Theropode schlüpfte, kümmerte sich seine Mutter wohl um den Fleischfresser, aber schon bald war er selbstständig.

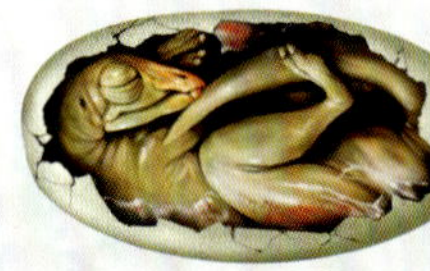

Nesthocker
Die Knochen vieler Pflanzenfresser waren zunächst noch schwach, deshalb mussten sich die Eltern längere Zeit um sie kümmern.

ANORDNUNG DER EIER

Einige Dinos bauten Nester und legten die Eier auf bestimmte Weise hinein, sodass sie möglichst gut gewärmt wurden. Andere Dino-Arten legten sie offenbar einfach nur ungeordnet auf den Erdboden. Manche der Eier waren farbig, andere gesprenkelt.

Manche Sauropoden ordneten ihre Eier in einem Halbkreis an.

Hadrosaurier polsterten die Nistmulde mit Pflanzenteilen und ordneten die Eier spiralförmig an.

Einige kleine Fleischfresser legten ihre Eier in zwei Reihen in einer Mulde ab.

Niemand weiß, von welcher Dino-Art dieses Nest stammt. Die Eier bildeten kein regelmäßiges Muster.

Maiasaura baute ein schüsselförmiges Nest aus Schlamm und legte bis zu 25 Eier hinein. *Maiasaura* bedeutet „Gute-Mutter-Echse".

Maiasaura-Mutter

FÜTTERUNG

Ein *Oviraptor*-Elternteil brachte dem Nachwuchs Futter, wie zum Beispiel Eidechsen oder die Jungen von pflanzenfressenden Dinosauriern. Ein junger *Oviraptor* war zu klein, um etwas zu jagen – außer Insekten.

Nest aus Blättern und Zweigen

AUFZUCHT DER JUNGEN

Einige Pflanzenfresser kümmerten sich um ihre Jungen, bis sie laufen konnten. Die kleinen Dinos waren wochenlang von ihren Eltern abhängig, die ihnen Futter brachten und sie vor Räubern beschützten. Kleine Fleischfresser entwickelten sich schneller und konnten wohl bald nach dem Schlüpfen laufen.

Die Mutter hat ein Dinosaurierjunges erbeutet.

IN DER HERDE LEBEN

Einige Pflanzenfresser wie Sauropoden, Entenschnabel- und Horndinosaurier lebten in Herden, denn gemeinsam konnten sie die Jungen vor Räubern besser beschützen. Forschende haben versteinerte Fußspuren gefunden, bei denen man erkennen kann, dass Raubdinosaurier den Herden von Pflanzenfressern folgten. Wenn junge oder geschwächte Dinos den Anschluss an die Gruppe verloren, waren sie leichte Beute. Ein einziger erlegter Sauropode bot mehreren Fleischfressern tagelang Nahrung.

VERTEIDIGUNG DER JUNGEN

Triceratops war in der späten Kreidezeit in Nordamerika wahrscheinlich einer der häufigsten Dinosaurier. Diese Dinos lebten in Herden. Bei Gefahr bildeten erwachsene Tiere einen Kreis um die Jungen, sodass ihre Hörner nach außen wiesen. Mit den mächtigen Hörnern konnten sie die Beine eines Tyrannosauriers schwer verletzen.

Diese Darstellung zeigt, wie eine Familiengruppe, vielleicht ein Teil einer großen *Triceratops*-Herde, angegriffen wird. Die erwachsenen Tiere stellen sich dem Angreifer entgegen.

RÄUBER UND PLÜNDERER

Dinosaurier, die Fleisch fraßen, hatten verschiedene Möglichkeiten, an Futter zu kommen. Die meisten waren Jäger, verschmähten aber auch Aas nicht. Es war einfacher, ein bereits totes Tier zu fressen oder sich über eines herzumachen, das schon verletzt oder alt war, als ein wehrhaftes Tier zu töten. Ein großer Kadaver bot vielen Fleischfressern Nahrung. Wenn sich die stärksten Tiere satt gefressen hatten, stritten die kleineren um die Reste. Auch hungrige Vögel und andere Aasfresser wurden angelockt.

EIN EIERDIEB?

Oviraptor bedeutet „Eierdieb". Man hat seine Fossilien bei versteinerten Eiern gefunden, daher vermuteten Forscher zunächst, dass *Oviraptor* die Eier anderer Dinos gestohlen und gefressen hat. Heute weiß man, dass es seine eigenen Eier waren, die er beschützte.

SCHON GEWUSST?

Dinos, die Fleisch fraßen, kauten es nicht. Sie verschlangen die Bissen samt Knochen, Haut und Schuppen.

KAMPF IN DER KREIDEZEIT

Deinonychus war ein Theropode, der vielleicht Federn trug. In dieser Darstellung greifen die Tiere einen *Tenontosaurus* an. Ein *Deinonychus* wurde bereits niedergetrampelt. Andere packen den *Tenontosaurus* an verletzlichen Stellen am Hals und Körper. Fossilienfunde in einer Ausgrabungsstätte in den USA deuten darauf hin, dass es solche Kämpfe gegeben hat.

PLÜNDERER IM JURA

Hier liegt ein toter *Camptosaurus* am Flussufer. Der Verwesungsgeruch hat junge Allosaurier angelockt. Mit ihren Fußkrallen öffnen sie die Haut und fressen eilig, bevor erwachsene Dinos ihnen die Mahlzeit streitig machen. Auch Insektenlarven im Aas bieten den kleinen Raubdinosauriern Futter.

ÜBERLEBENSTECHNIKEN

Dinosaurier lebten in einer Welt voller Gefahren. Sie mussten genügend Nahrung finden und vor Räubern auf der Hut sein. Viele Pflanzenfresser trugen Hörner und Knochenpanzer. Sie lebten in Herden, die ihnen Schutz boten. Räuber waren auf Beute angewiesen. Mit Krallen und Zähnen töteten sie ihre Opfer. Wenn ein Fleischfresser selbst angegriffen wurde, floh er oder verteidigte sich.

SCHON GEWUSST?

Wenn große Raubdinosaurier stürzten, verletzten sie sich leicht. *Tyrannosaurus* konnte 20 km/h schnell laufen. Fiel er dabei hin, brach er sich leicht die Rippen.

ANGRIFFE ABWEHREN

Diplodocus setzte seinen langen Schwanz wie eine Peitsche ein. Mit ihm konnte er einem 6 m langen *Ceratosaurus* die Rippen brechen.

ANGRIFF

Ein Raubdinosaurier setzte seine Zähne und die Krallen an Händen und Füßen ein. Seine Kraft war abhängig von seiner Größe. So war ein erwachsener *Deinonychus* beispielsweise gefährlicher als ein gleich großer junger Tyrannosaurier, weil er größere Krallen an seinen Greifhänden hatte.

Velociraptor war ein kleiner, aber sehr flinker Dino mit tödlichen, sichelförmigen Krallen.

Baryonyx war ein riesiger Räuber mit gewaltigen Kiefern. Wie ein Krokodil konnte er blitzschnell zuschnappen.

Deinonychus hatte gefährliche Krallen und messerscharfe Zähne.

Carcharodontosaurus schlitzte mit seinen riesigen, sägeartigen Zähnen die Haut seines Opfers auf.

ABWEHR

Die Herde bot vielen Dinos den besten Schutz, aber wenn es doch zum Kampf kam, setzten sie sich zur Wehr. Pflanzenfresser töteten ihre Feinde zwar meistens nicht, aber sie fügten ihnen oft so große Schmerzen zu, dass sie den Kampf aufgaben.

Der Oberkopf von *Ankylosaurus* war mit dicken Knochenplatten bedeckt. Wenn ein Räuber hineinbiss, brach er sich die Zähne ab.

Das Schädeldach von *Pachycephalosaurus* war enorm dick. Wenn er einen Feind mit dem Kopf rammte, brach er ihm die Rippen.

Mit seinen etwa 1 m langen Hörnern konnte *Triceratops* das Bein eines Tyrannosauriers schwer verletzen.

Der Dorn am Daumen von *Iguanodon* war nicht groß, aber kräftig genug, um einem Raubdinosaurier damit ins Auge zu stechen.

DINO-REKORDE

Je größer ein Tier wird, desto mehr Energie braucht es, um sich fortzubewegen. Und wenn es stürzt, verletzt es sich meistens. Außerdem kühlt sein Körper beim Rennen nicht so schnell ab. Tiere, die nur auf den Hinterbeinen laufen, sind allgemein kleiner, denn zwei Beine können nicht so viel Gewicht tragen. Ab einer gewissen Größe können Vierbeiner nur noch gehen, aber nicht mehr rennen.

GUTE LÄUFER

Wenn die Oberschenkelknochen eines Dinos kürzer waren als die unteren Beinknochen, konnte er schnell laufen. Befanden sich am Oberschenkelknochen muskelbepackte Höcker, war er besonders flink.

Ein Afrikanischer Strauß kann bis zu 70 km/h schnell sprinten.

Struthiomimus war zwar nicht so schnell wie ein Strauß, konnte aber einen Tyrannosaurier überholen.

DIE GRÖSSTEN RÄUBER

Zu den größten Raubdinosauriern zählten: *Spinosaurus*, *Giganotosaurus*, *Oxalaia*, *Sauropháganax*, *Carcharodontosaurus* und *Bahariasaurus*.

DIE LÄNGSTEN DINOS

Die längsten Dinos waren *Barosaurus* mit etwa 38 m und *Argentinosaurus* mit 30 bis 40 m Länge. Neue Fossilienfunde helfen dabei, die Größe dieser und anderer Sauropoden noch genauer einzuschätzen.

DIE SCHWERSTEN DINOS

Argentinosaurus, *Puertasaurus* und *Patagotitan* wurden vermutlich mehr als 50 t schwer.

Argentinosaurus wog etwa so viel wie acht Afrikanische Elefanten.

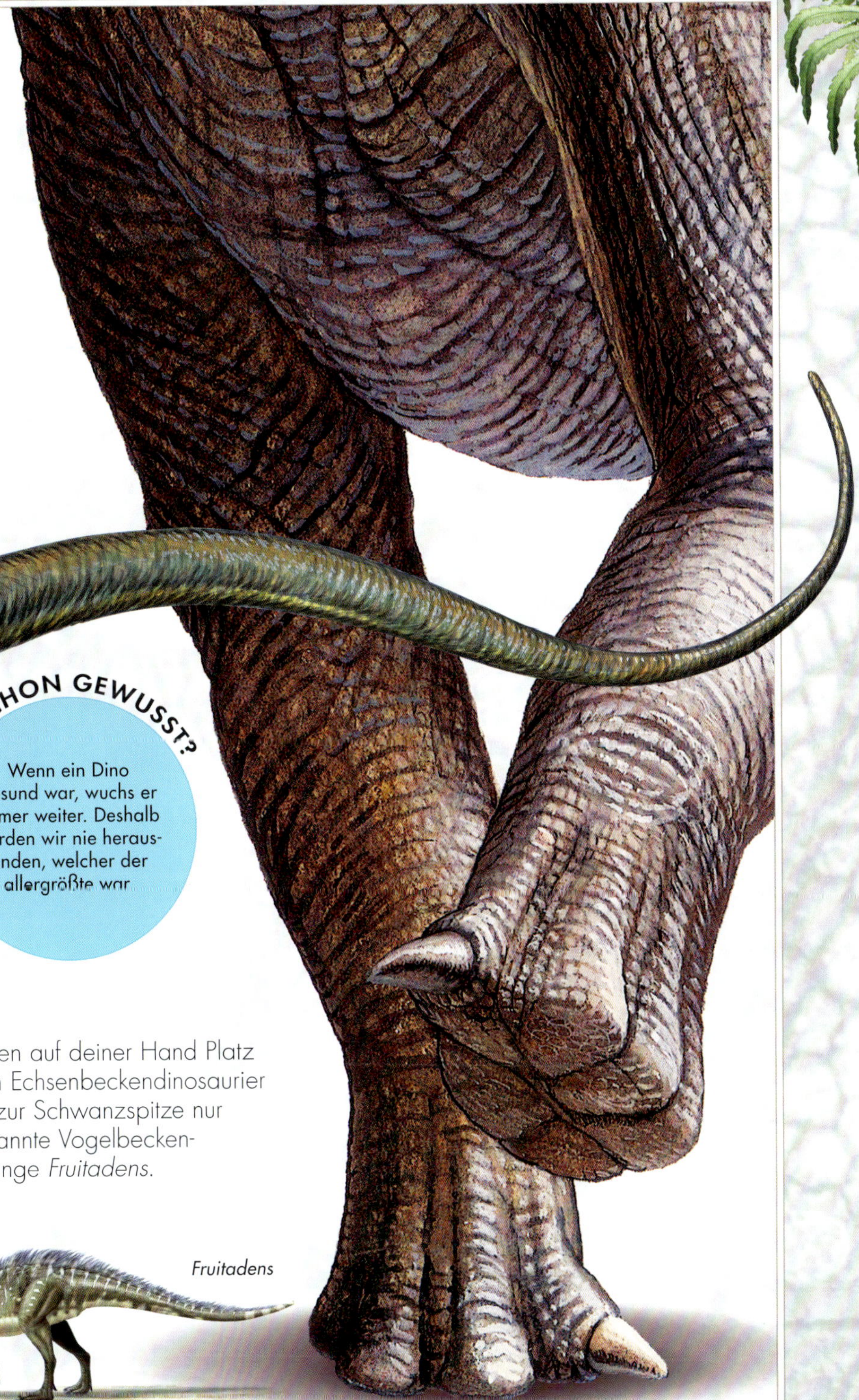

SCHON GEWUSST?

Wenn ein Dino gesund war, wuchs er immer weiter. Deshalb werden wir nie herausfinden, welcher der allergrößte war.

DIE KLEINSTEN DINOS

Einige frisch geschlüpfte Dinos hätten auf deiner Hand Platz nehmen können. Einer der kleinsten Echsenbeckendinosaurier war *Parvicursor*, der vom Kopf bis zur Schwanzspitze nur etwa 39 cm maß. Der kleinste bekannte Vogelbeckendinosaurier war der etwa 70 cm lange *Fruitadens*.

ABWEHR UND SCHUTZ

Vogelbeckendinosaurier (Ornithischier) fraßen vor allem Pflanzen. Sie wurden von flinkeren Fleischfressern erbeutet. Zum Ende des Mesozoikums hatten ihre Körper deshalb enorme Abwehrstrukturen entwickelt. Stegosaurier und Horndinosaurier trugen Hörner, Stacheln und Knochenplatten und Ankylosaurier besaßen Knochenpanzer. Außerdem waren offenbar bei allen Vogelbeckendinosauriern kleine, knöcherne Platten (Osteoderme) in die Haut eingebettet.

SCHON GEWUSST?

Eventuell waren diese Stacheln und Knochenplatten mit Horn bedeckt und dadurch noch länger und spitzer.

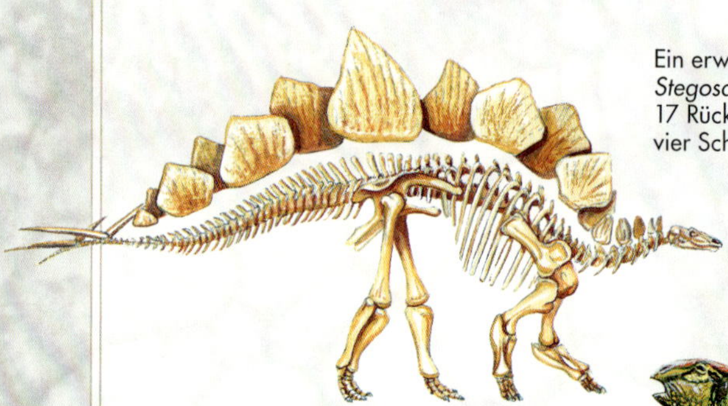

Ein erwachsener *Stegosaurus* besaß 17 Rückenplatten und vier Schwanzstacheln.

Die Haut, die die Platten bedeckte, konnte möglicherweise ihre Farbe verändern, um Angreifer zu warnen.

RÜCKENPLATTEN

Beiderseits der Wirbelsäule trug *Stegosaurus* vom Hals bis zum Schwanz große Knochenplatten.

ENORM GUT GESCHÜTZT

Der Ankylosaurier *Euoplocephalus* besaß einen Panzer, Stacheln und eine Knochenkeule am Schwanz. Die Zähne eines Feindes konnten die Platten nicht durchdringen. Um all die Knochen bilden zu können, brauchten diese Dinos viel Kalzium.

Der Rückenpanzer von *Euoplocephalus* war mit dem Schädel verwachsen. Acht Höhlen im Kopf reduzierten das Gewicht.

Der Panzer verlief in Bändern quer über den Rücken. Die Haut dazwischen machte ihn beweglich.

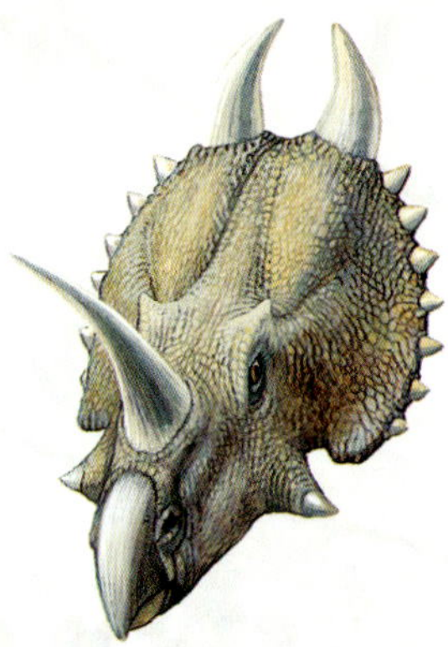

NASENHÖRNER

Horndinosaurier der Gruppe Centrosaurinae trugen ein großes Horn auf der Nase, zwei große Hörner am Schild.

ÜBERAUGENHÖRNER

Horndinosaurier der Gruppe Chasmosaurinae besaßen ein kleineres Nasenhorn und zwei große Überaugenhörner.

TRICERATOPS
Dieser wehrhafte Pflanzenfresser konnte es sogar mit einem *Tyrannosaurus rex* aufnehmen. Die Stacheln an den Wangen schützten die Kiefermuskeln und konnten einem Gegner tiefe Beinwunden zufügen. Die Überaugenhörner wurden mehr als 1 m lang.

KRALLEN UND STACHELN

Krallen und Stacheln kamen vor allem beim Angriff und bei der Verteidigung zum Einsatz. Die Krallen konnten kurz oder lang, gerade oder gekrümmt sein. Krallen an den Zehen waren gefährlich, denn der Dino konnte sie mit viel Muskelkraft bewegen. Fingerkrallen wirkten besonders bedrohlich, wenn er sich auf den Hinterbeinen aufrichtete. Am effektivsten waren sicherlich Stacheln, die so gefährlich aussahen, dass jeder Feind augenblicklich das Weite suchte. Schulter- und Schwanzstacheln konnten wie Speere eingesetzt werden.

FUSSKRALLEN
Utahraptor war ein vogelähnlicher Theropode. An jedem Fuß saß eine gefährliche, etwa 23 cm lange Sichelkralle.

WEHRHAFTER PFLANZENFRESSER

Die längsten Stacheln des Stegosauriers *Dacentrurus* konnten tief in den Körper eines Feindes eindringen. *Dacentrurus* musste nicht töten, sondern nur verletzen. Seine Schwanzstacheln befanden sich auf Beinhöhe der großen Raubdinosaurier. Traf er ein Bein, war der Kampf gewonnen.

SCHON GEWUSST?

Krallen dienten nicht nur zum Angriff. Der Theropode *Mononykus* riss damit vermutlich Termitenhügel auf, ähnlich wie es heute Ameisenbären machen.

ZÄHNE

Die Zähne der Dinosaurier bestanden aus Wurzel und Krone. Harter Zahnschmelz bedeckte das weichere Innere der Krone. Zähne von Fleischfressern hatten lange Wurzeln und die von Pflanzenfressern kurze. Abgenutzte Dino-Zähne wurden während des ganzen Lebens durch neue ersetzt. Wir Menschen bekommen nach den Milchzähnen nur einmal neue Zähne.

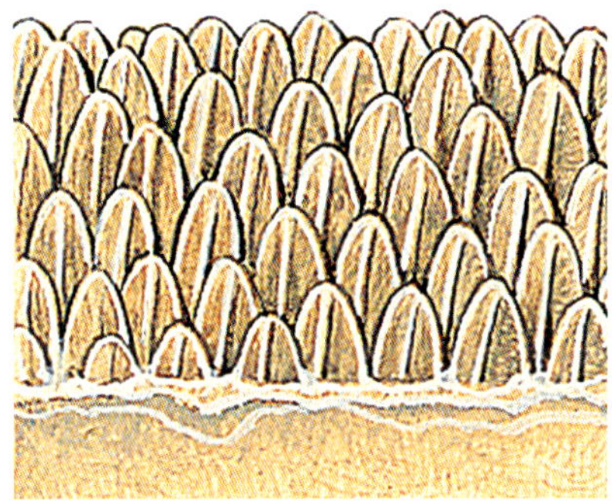

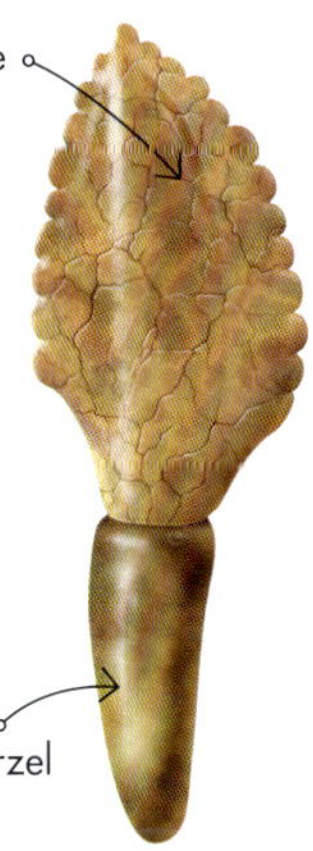

Verschiedene Zahnformen
Die Zähne der Entenschnabeldinosaurier (oben) griffen ineinander. Die von *Plateosaurus* (rechts) waren am Rand gekerbt und konnten zähe Pflanzen zerkleinern. Theropoden zerschnitten mit ihren dolchförmigen Zähnen (unten) Fleisch.

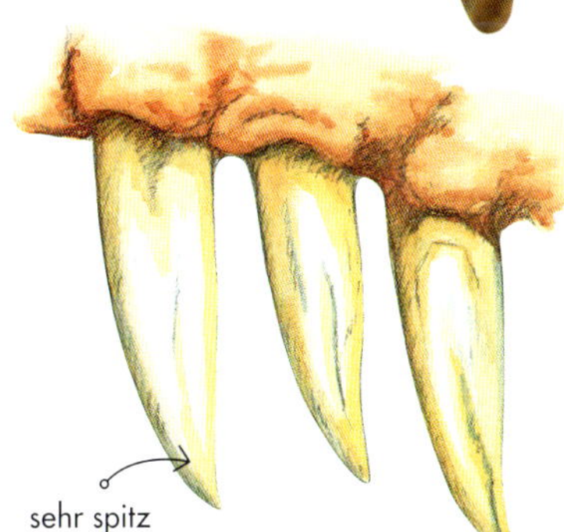

DINOSAURIER VON A BIS Z

ABELISAURUS

FLEISCHFRESSER

OBERKREIDE

GEFAHRENSTUFE 5

Entdeckt in: Argentinien
Lebensraum: trockene Ebenen
Wann: vor 80 Millionen Jahren
Name bedeutet: Abels Echse
Besonderheit: kräftiger Kiefer

GROSSER SCHÄDEL

Dieser Dinosaurier war Teil einer Gruppe von Fleischfressern, die sich separat aus den Tyrannosauriern entwickelt haben. Die Wissenschaft fand einen fast 1 m langen Schädel. Aber bis heute ist man sich nicht sicher, wie groß *Abelisaurus* wurde.

KIEFER

Abelisaurus hatte einen hohen Schädel und sehr kräftige Kiefermuskeln. Sein Kiefer konnte so schnell zuschnappen, dass seine Beute keine Zeit zum Reagieren hatte.

SCHON GEWUSST?

Abelisaurus hatte in seinen Schädelknochen große Öffnungen. Durch sie verringerte sich das Gewicht seines schweren Kopfes.

Länge: über 7 m
Nahrung: Fleisch
Gruppe: Theropoden
Familie: Abelisauridae

Abelisaurus griff junge Sauropoden und mittelgroße Ornithopoden mit seinem kräftigen Gebiss an. Er fraß auch Aas (das Fleisch toter Tiere).

Entdeckt in: USA
Lebensraum: Waldränder
Wann: vor 105 Millionen Jahren
Name bedeutet: Abydos-Echse
Besonderheit: gigantische Größe

ABYDOSAURUS

PFLANZENFRESSER

UNTERKREIDE

GEFAHRENSTUFE 3

GROSSER FRESSER

Abydosaurus konnte nicht kauen. Wenn sein kleiner Kopf Nahrung von den Bäumen riss, schluckte er alles auf einmal herunter. Dadurch konnte der Dinosaurier mehr Nahrung auf einmal fressen.

SCHON GEWUSST?

Der Schädel des *Abydosaurus* war so klein, dass er nur ein halbes Prozent des Gesamtgewichts des Dinosauriers ausmachte.

WINZIGE ZÄHNE

Abydosaurus hatte im Vergleich zu den meisten Brachiosauriern sehr schmale Zähne. Dadurch passten mehr davon in sein Maul. Da so kleine Zähne sich schnell abnutzten, wurden sie vermutlich schnell durch neue ersetzt.

Länge: 18 m
Nahrung: Pflanzen
Gruppe: Sauropodomorpha
Familie: Brachiosauridae

Abydosaurus fraß, indem er Blätter von Sträuchern und Bäumen abrupfte. Diese wurden dann in seinem Magen mithilfe von Gastrolithen, kleinen Kieselsteinen, zerkleinert.

SCHÜTZENDE STACHELN

Die Hörner dieses Centrosauriers schützten seinen Nackenschild davor, von Tyrannosauriern gebissen zu werden. Durch Schütteln des Kopfes bewegten sich die Stacheln wie kleine Spitzhacken.

Entdeckt in: USA, Kanada
Lebensraum: Wälder und Ebenen
Wann: vor 80 Millionen Jahren
Name bedeutet: Horngesicht von Alberta
Besonderheit: gefährliche Hörner

SCHON GEWUSST?

Anstelle eines Nasenhorns hatte *Albertaceratops* einen knöchernen Grat auf der Nase.

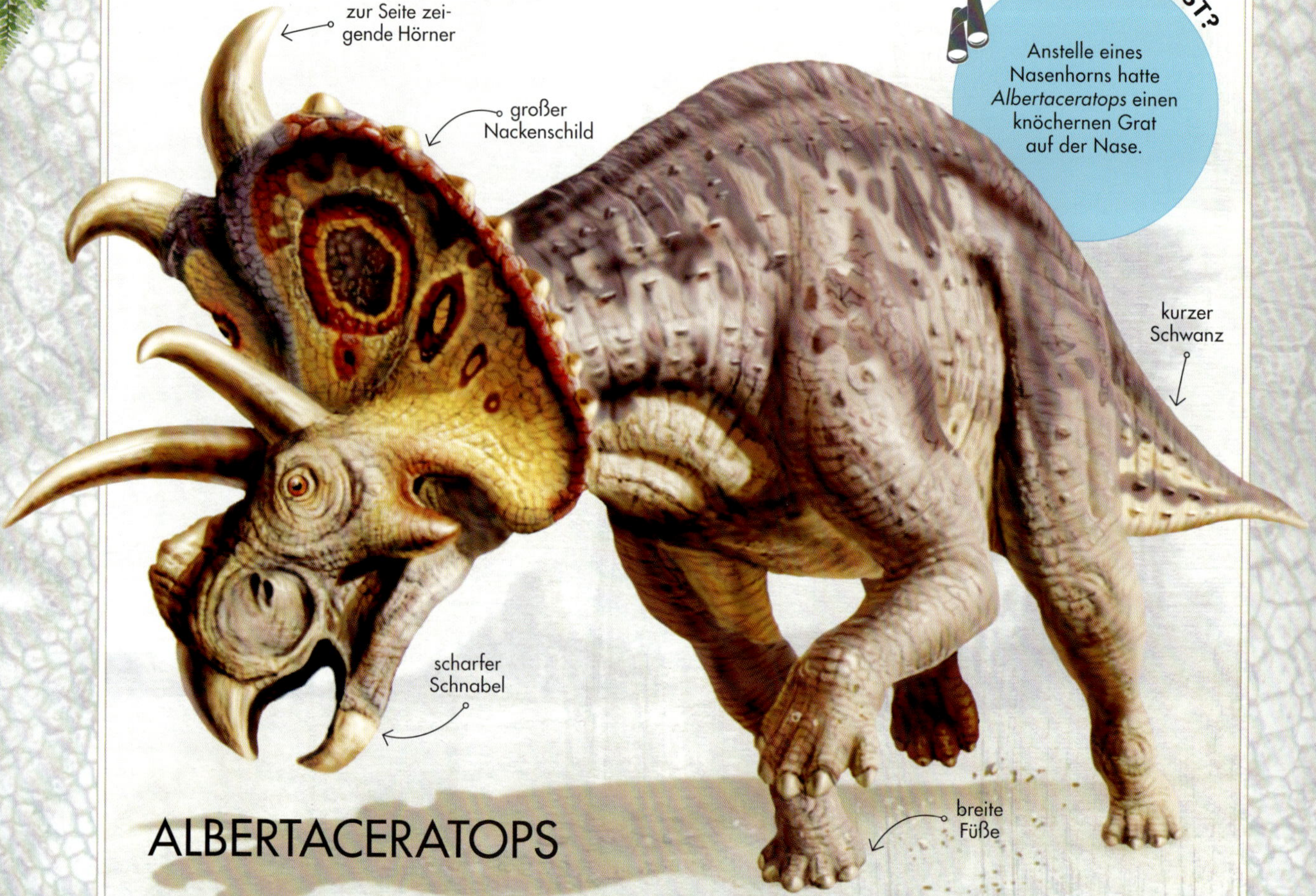

ALBERTACERATOPS

PFLANZENFRESSER
OBERKREIDE
GEFAHRENSTUFE 3

FRÜHER CENTROSAURIER

Albertaceratops lebte mehr als 10 Millionen Jahre vor *Triceratops* und war damit eines der ältesten bekannten Mitglieder der Unterfamilie der Centrosaurier.

Länge: 5 m
Nahrung: Pflanzen
Gruppe: Centrosaurinae
Familie: Ceratopsidae

Albertaceratops wurde durch einen sehr gut erhaltenen Schädel aus Alberta (Kanada) sowie andere in Montana (USA) entdeckte Knochen bekannt.

Entdeckt in: USA, Kanada
Lebensraum: Waldgebiete
Wann: vor 70 Millionen Jahren
Name bedeutet: Alberta-Echse
Besonderheit: kräftiger Biss

ALBERTOSAURUS

FLEISCHFRESSER
OBERKREIDE
GEFAHRENSTUFE 5

KLEINER TYRANNOSAURUS

Dieser Dinosaurier war so gebaut wie sein nächster Verwandter, der *Tyrannosaurus rex*, aber nicht so groß und kräftig. Die zwei Dinos sahen fast identisch aus, besonders für in Panik versetzte Pflanzenfresser.

SCHON GEWUSST?

Dieser Tyrannosaurier war schon allein furchterregend. Die Paläontologie glaubt, er könnte in Rudeln von über 20 Tieren gejagt haben.

Länge: 8 m
Nahrung: Fleisch
Gruppe: Theropoda
Familie: Tyrannosauridae

Albertosaurus' Kiefer hatten nur eine Reihe Zähne, aber unter ihnen warteten Ersatzzähne schon darauf, durchzubrechen.

ALLOSAURUS

FLEISCHFRESSER

OBERJURA

GEFAHRENSTUFE 5

Entdeckt in: USA, Portugal
Lebensraum: Wälder und Ebenen
Wann: vor 153–135 Millionen Jahren
Name bedeutet: andere Echse
Besonderheit: große, sägeartige Zähne

SCHON GEWUSST?

Forschende fanden ein *Allosaurus*-Skelett mit einem Loch im Schwanz. Vermutlich war der Dino hier von einem Schwanz-Stachel eines *Stegosaurus* verletzt worden.

GROSSER BISS

Allosaurus hatte einen massiven Schädel und kraftvolle Kiefer. Er konnte sein Maul weit öffnen, um riesige Bissen zu verschlingen.

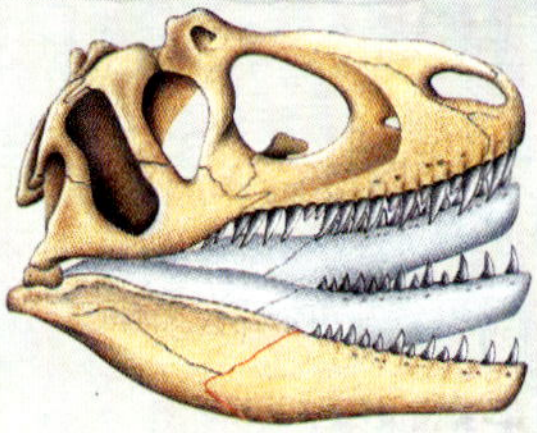

GROSSE BEUTE

Der große *Allosaurus* konnte Stegosaurier, Ornithopoden und sogar große Sauropoden jagen.

Länge: 8–12 m
Nahrung: Fleisch
Gruppe: Theropoden
Familie: Allosauridae

Allosaurus hatte sägeartig gezackte Zähne und dreieckige Hörner vor seinen Augen. Auf der Spitze seiner Schnauze verliefen parallele Grate.

Entdeckt in: Argentinien
Lebensraum: Flusstäler
Wann: vor 89–85 Millionen Jahren
Name bedeutet: Alvarez-Echse
Besonderheit: schneller Läufer

SCHNELLER LÄUFER

Über diesen Dinosaurier ist nicht viel bekannt, weil der Forschung ein vollständiges Skelett fehlt, aber es gilt als sicher, dass er schneller als die meisten anderen Dinosaurier war und kleine Beute fangen konnte.

SCHON GEWUSST?

Alvarezsaurus hatte zwar lange Federn an den Armen und am Schwanz, aber zum Fliegen waren sie zu kurz.

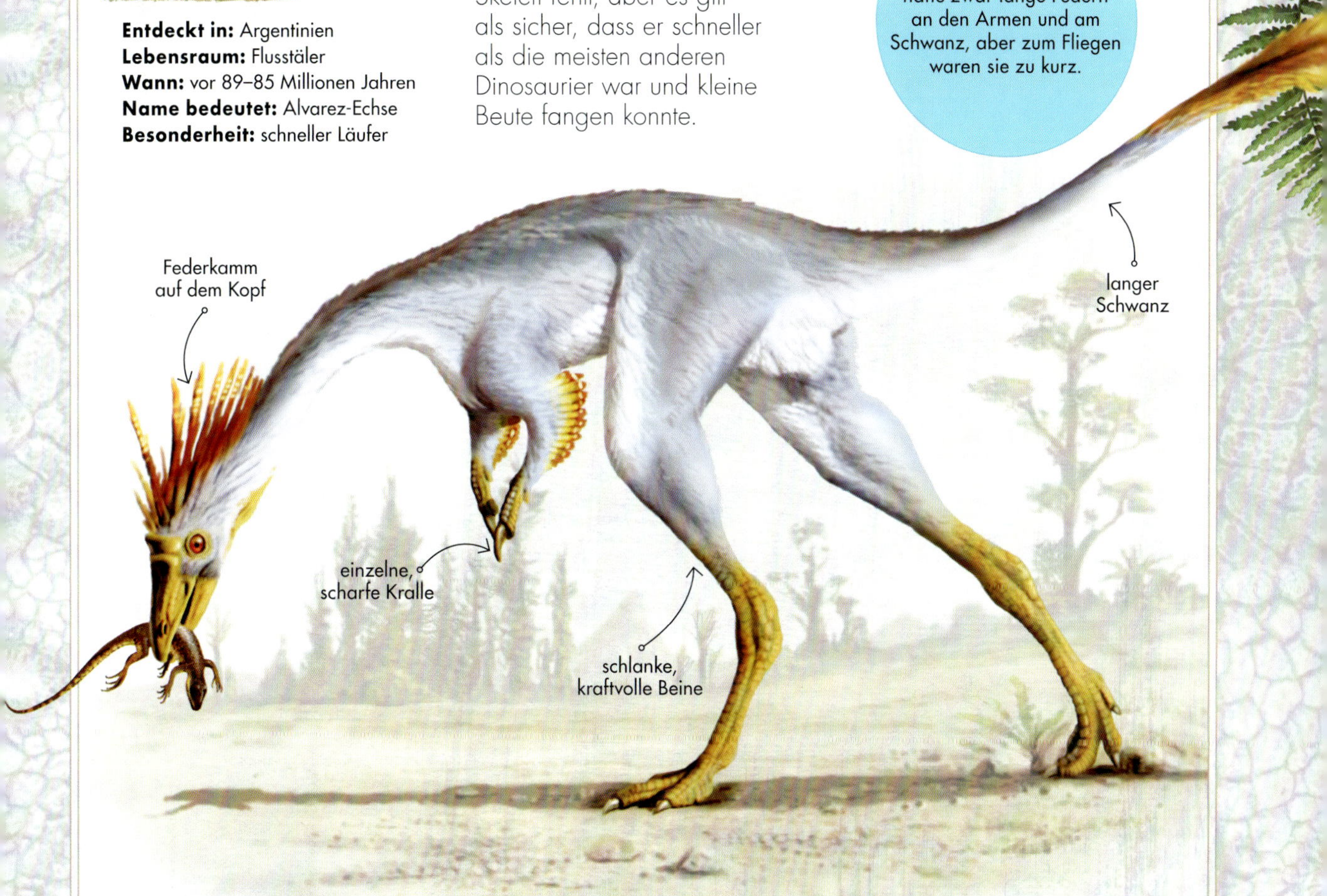

ALVAREZSAURUS

FEDERFUND

Dieser seltene Dinosaurier gehörte zur Gruppe der Fleischfresser, die mit den Vögeln am engsten verwandt waren. Obwohl er aus Südamerika stammte, wies er ähnliche Merkmale wie die Ornithomimidae (straußenähnlichen Dinosaurier) Nordamerikas auf.

FLEISCHFRESSER
OBERKREIDE
GEFAHRENSTUFE 2

Länge: 2 m
Nahrung: Fleisch
Gruppe: Theropoden
Familie: Allosauridae

Alvarezsaurus hatte einen kleinen, vogelartigen Kopf an einem langen, beweglichen Hals und große Augen an den Seiten seines Kopfes, um Gefahren aus allen Richtungen zu erkennen.

ALWALKERIA

ALLESFRESSER

OBERTRIAS

GEFAHRENSTUFE 1

ALLESFRESSER

Allesfressende Dinosaurier waren selten. Sie fraßen Fleisch und Pflanzen oder was immer sie finden konnten, etwa Beeren und Samen oder Maden und Insekten.

Entdeckt in: Indien
Lebensraum: sumpfige Ebenen
Wann: vor 228–220 Millionen Jahren
Name bedeutet: Alick Walkers Echse
Besonderheit: scharfe Krallen

SELTSAME ZÄHNE

Dieser merkwürdige Dino fraß sowohl Pflanzen als auch Fleisch. Seine Zähne waren ungewöhnlich – einige gerade und andere gebogen. Das vollständigste gefundene Schädelfossil war klein. Vielleicht gehörte es zum Skelett eines Jungtiers.

SCHON GEWUSST?

Alwalkeria hatte sowohl scharfe Zähne (um Fleisch zu durchtrennen) als auch stumpfe Zähne (um Pflanzen zu kauen).

Länge: 1 m
Nahrung: Pflanzen, Insekten
Gruppe: Saurischia
Familie: unklar

Alwalkeria war wahrscheinlich ein schneller Läufer mit gutem Hör- und Sehvermögen, um Beute zu entdecken und Raubtieren auszuweichen.

Entdeckt in: Argentinien
Lebensraum: trockene Ebenen
Wann: vor 132–127 Millionen Jahren
Name bedeutet: Echse aus La Amarga
Besonderheit: doppelte Stachelreihe

MINI-SAUROPODE

Mit nur 10 m Länge war dieser ungewöhnliche Dino für einen Sauropoden klein und hatte einen eher kurzen Hals. Eine Doppelreihe aus langen Wirbelstacheln über Hals und Rücken machte ihn einzigartig.

SCHON GEWUSST?

Manche Forschende glauben, dass die Stachelreihen des *Amargasaurus* zusammenschlagen und ein Geräusch erzeugen konnten.

AMARGASAURUS

STACHELN

Die Wissenschaft ist sich nicht sicher, wozu das große „Segel" des *Amargasaurus* diente – möglicherweise, um Partner zu beeindrucken, Feinde abzuschrecken oder den eigenen Körper kühl zu halten.

PFLANZENFRESSER
UNTERKREIDE
GEFAHRENSTUFE 2

Länge: 10 m
Nahrung: Pflanzen
Gruppe: Sauropodomorpha
Familie: Dicraesauridae

Amargasaurus hatte eine breite, pferdeartige Schnauze und bleistiftförmige Zähne, mit denen er Blätter von niedrigen Pflanzen abstreifte.

AMBOPTERYX

ALLESFRESSER

OBERJURA

GEFAHRENSTUFE 2

Entdeckt in: China
Lebensraum: Waldgebiete in Seenähe
Wann: vor 160 Millionen Jahren
Name bedeutet: beide Flügel
Besonderheit: unangenehmer Biss

UNGEWÖHNLICHES TIER

Dieser Theropode hatte auffällig lange, stabförmige Fingerknochen, die die Flugmembran aufspannten. Im Gegensatz zu den meisten Theropoden trug er einen kurzen Schwanz. Mit einer Reihe von verbundenen Schwanzwirbeln (Pygostyl) und den langen Schwanzfedern ähnelte er einem Vogel.

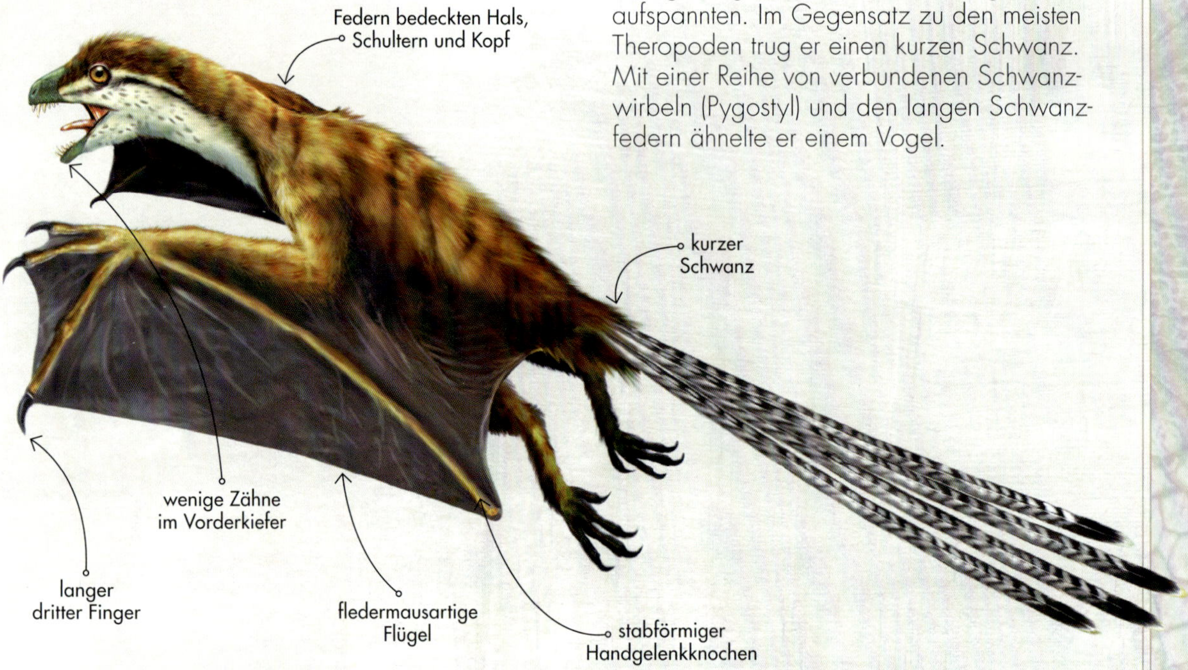

LANGER FINGER

Ambopteryx hatte einen sehr langen dritten Finger. Früher dachte man, er diente zum Ausgraben von Maden aus verrottendem Holz. Heute weiß man, dass der Finger die Flügelmembran stützte.

SCHON GEWUSST?

Die Flügel dieses kleinen Dinosauriers bestanden aus einer Membran und ähnelten denen einer Fledermaus.

Länge: 30 cm
Nahrung: Pflanzen, eventuell Fleisch
Gruppe: Theropoda
Familie: Scansoriopterygidae

Dieser Dinosaurier wurde mit Steinen im Magen gefunden, was normalerweise bedeutet, dass er ein Pflanzenfresser war. Jedoch wurden auch Knochenstücke entdeckt, die nahelegen, dass er auch Fleisch fraß.

Entdeckt in: USA
Lebensraum: Waldgebiete, Flusstäler
Wann: vor 200–190 Millionen Jahren
Name bedeutet: ähnliche Echse
Besonderheit: scharfe Daumenkrallen

ANCHISAURUS

PFLANZENFRESSER

UNTERJURA

GEFAHRENSTUFE 1

KLEINER SAUROPODE

Anchisaurus ist als einer der kleineren und frühesten Sauropoden nicht so berühmt wie die Riesen des Jura. Er wog kaum 30 kg und fraß nur bodennahe Pflanzen. Er hatte eine Daumenklaue und stumpfe Zähne. Als langsamer Läufer konnte er den Fleischfressern nicht entkommen.

SCHON GEWUSST?

Die Gastrolithen im Darm von *Anchisaurus* halfen, die pflanzliche Nahrung zu zerkleinern.

FOSSILER FUSSABDRUCK

Anchisaurus war im Jahre 1818 der erste Dinosaurier, der in Nordamerika gefunden wurde. 1865 entdeckte man diesen Fußabdruck in Sandstein.

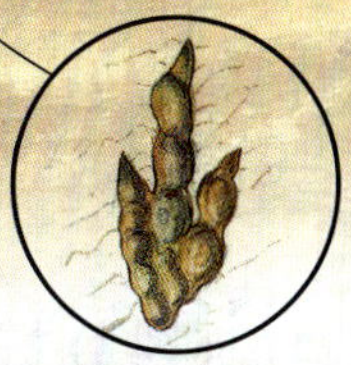

Länge: 1,8 m
Nahrung: bodennahe Pflanzen
Gruppe: Sauropodomorpha
Familie: Anchisauridae

Als sich Sauropoden wie *Anchisaurus* zu größeren Arten entwickelten, wurde es schwer, auf zwei Beinen zu balancieren – also entwickelten sich die Unterarme langsam zu Vorderbeinen.

ANKYLOSAURUS

PFLANZENFRESSER

OBERKREIDE

GEFAHRENSTUFE 3

Entdeckt in: Montana (USA)
Lebensraum: subtropische Küstenebenen
Wann: vor 70–65 Millionen Jahren
Name bedeutet: versteifte Echse
Besonderheit: gefährliche Schwanzkeule

KNOCHENSCHLÄGER

Mit der schweren Schwanzkeule, die er wie eine Abrissbirne schwang, konnte der Dino einen Angreifer schwer verletzen.

SCHON GEWUSST?

Wenn *Ankylosaurus* seinen Schwanz von einer Seite zur anderen schwang, war die Höhe genau richtig, um das Knie eines Tyrannosauriers zu zerschmettern.

PANZERUNG

Der Schädel des *Ankylosaurus* war mit einem Panzer aus Knochenplatten bedeckt. Er konnte einem Fleischfresser nicht entkommen, aber sich mit seinem schwer gepanzerten Körper gut verteidigen.

Länge: 8 m
Nahrung: bodennahe Pflanzen
Gruppe: Ornithischia
Familie: Ankylosauridae

Die Nasenhöhle hatte bis zu acht Kammern, die dabei halfen, den Körper zu kühlen. Außerdem hatte *Ankylosaurus* dadurch einen gut ausgeprägten Geruchssinn.

Entdeckt in: Antarktika
Lebensraum: Koniferenwälder
Wann: vor 74–70 Millionen Jahren
Name bedeutet: antarktischer Schild
Besonderheit: gefährliche Hörner

ANTARCTOPELTA

PFLANZENFRESSER
OBERKREIDE
GEFAHRENSTUFE 3

KLEINER ANKYLOSAURIER

Das einzelne fossile Skelett, das von *Antarctopelta* gefunden wurde, war klein. Möglicherweise stammt es von einem Jungtier.

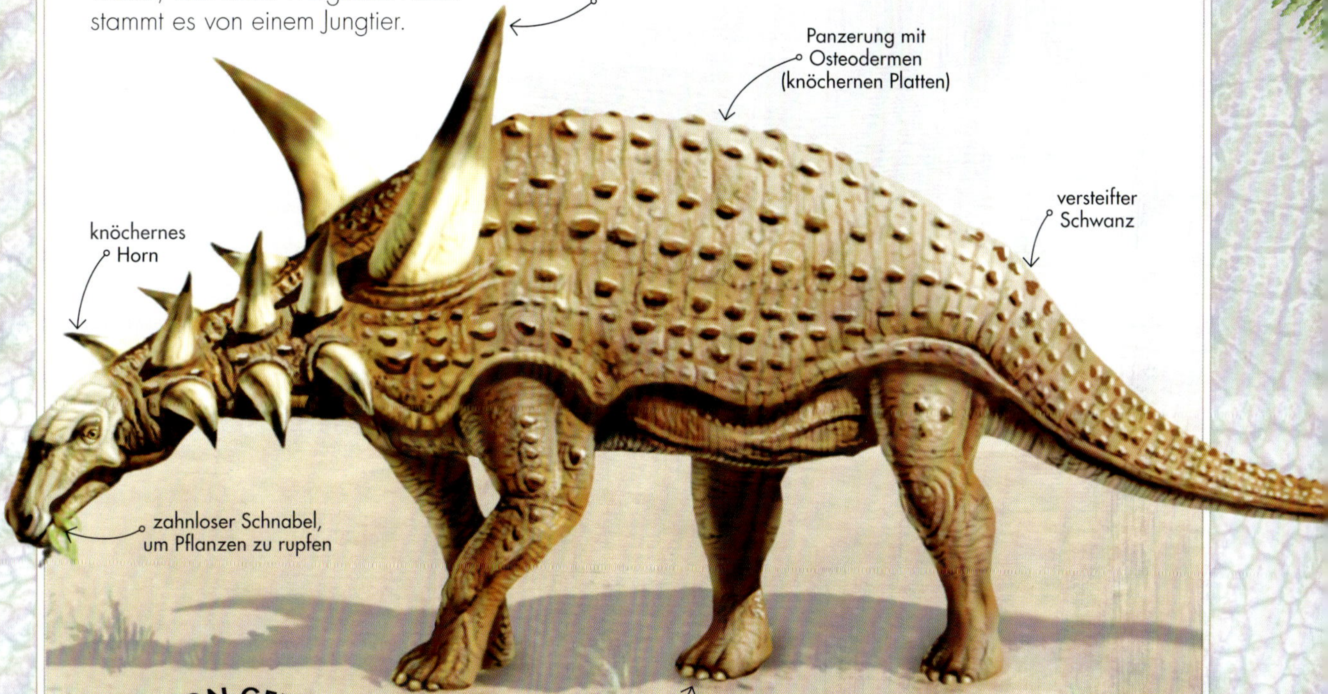

SCHON GEWUSST?

Die Antarktis war während der Oberkreide viel wärmer als heute und von Wäldern bedeckt.

ANTARKTISCHE ISOLATION

Antarctopelta hatte einen Körperpanzer mit vielen Stacheln. Er war ein später, Ankylosaurier-ähnlicher Nodosaurier, der sich möglicherweise isoliert in der Antarktis weiterentwickelt hatte.

Länge: 4 m
Nahrung: bodennahe Pflanzen
Gruppe: Ornithischia
Familie: Nodosauridae

Wie die früheren Ankylosaurier hatte *Antarctopelta* eine schwere Panzerung. Aus den Fossilien lässt sich allerdings nicht ermitteln, ob er eine Schwanzkeule trug.

APATOSAURUS

PFLANZENFRESSER

OBERJURA

GEFAHRENSTUFE 3

Entdeckt in: USA
Lebensraum: Überschwemmungsgebiete
Wann: vor 150 Millionen Jahren
Name bedeutet: trügerische Echse
Besonderheit: riesige Größe

SCHWANZPEITSCHE

Abgesehen von seiner Größe konnte *Apatosaurus* seinen peitschenartigen Schwanz nutzen, um sich gegen Raubdinosaurier zu verteidigen.

GROSSER SCHLUCKER

Dieser gigantische Pflanzenfresser hatte einen riesigen Körper. Mit Zähnen wie Zinken einer Harke streifte er Blätter von Bäumen ab. Die Blätter wurden unzerkaut geschluckt und erst in den Eingeweiden zerkleinert.

SCHON GEWUSST?

Apatosaurus gehörte zu den größten Lebewesen, die jemals auf der Erde unterwegs waren. Er wog so viel wie sechs Elefanten!

Länge: bis zu 25 m
Nahrung: Pflanzen
Gruppe: Sauropodomorpha
Familie: Diplodocidae

Ausgewachsen war *Apatosaurus* groß genug, um vor fast allen Raubdinosauriern sicher zu sein.

Entdeckt in: Argentinien
Lebensraum: Wälder und Ebenen
Wann: vor 90 Millionen Jahren
Name bedeutet: argentinische Echse
Besonderheit: riesige Größe

ARGENTINOSAURUS

PFLANZENFRESSER

OBERKREIDE

GEFAHRENSTUFE 5

REKORDBRECHER

Ein Teil der Forschung hält *Argentinosaurus* für das größte Landtier der Erdgeschichte. Gefunden wurden nur wenige Knochen, darunter aber riesige Wirbel mit einer Länge von bis zu 1,6 m. Der Dino wog etwa 55 t und war ausgewachsen etwa 20 m hoch.

SCHON GEWUSST?

Mit seiner gewaltigen Größe hätte *Argentinosaurus* durch das Fenster im fünften Stock eines Gebäudes schauen können.

RIESE AUS PATAGONIEN

Argentinosaurus lebte in Patagonien im Süden Argentiniens. Dort wurden Nester mit fußballgroßen Eiern gefunden.

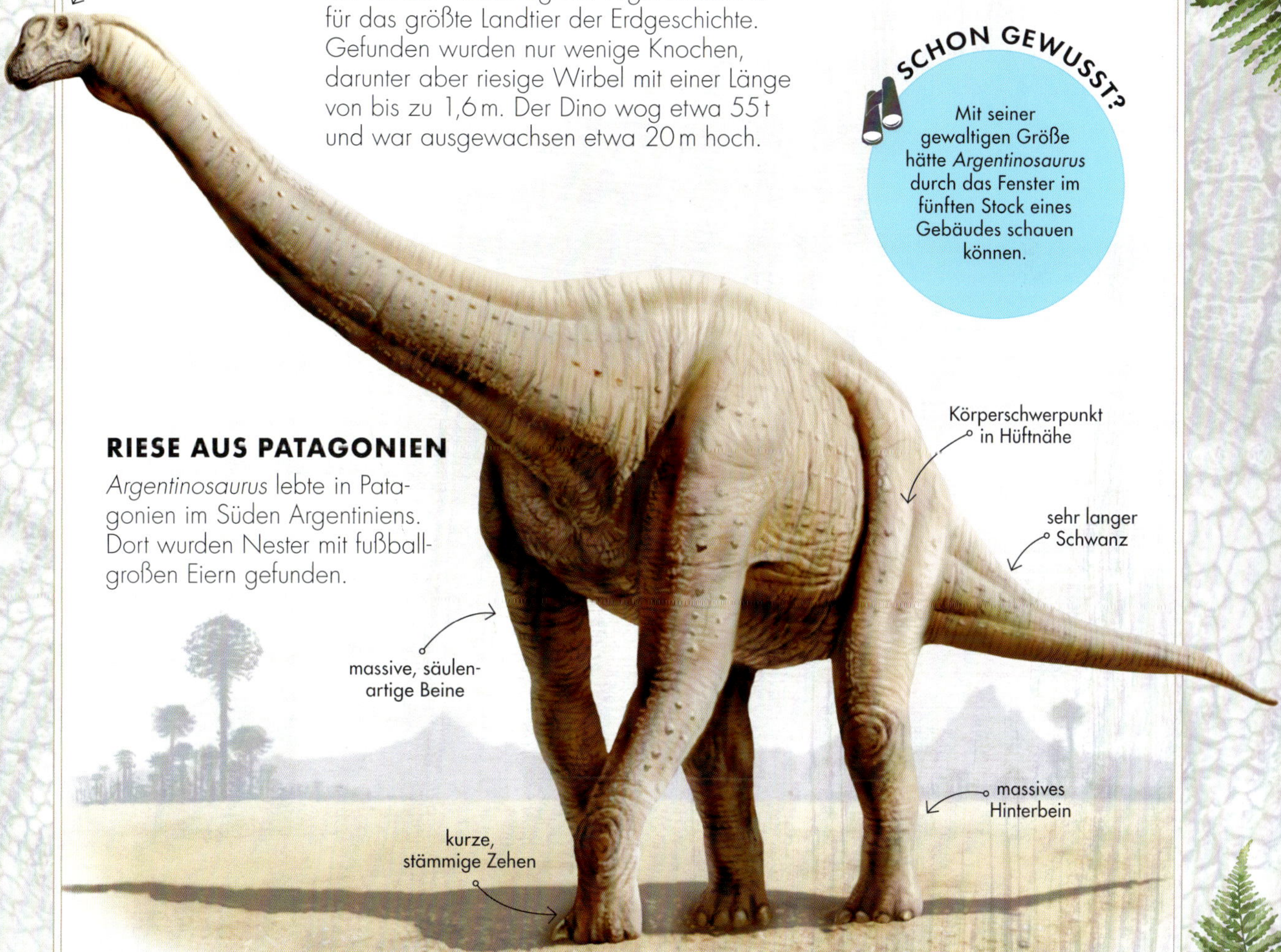

Länge: 35 m
Nahrung: Pflanzen
Gruppe: Sauropodomorpha
Familie: unklar

Die riesigen Rippen von *Argentinosaurus* waren hohle, zylinderförmige Röhren. Sie halfen, sein Gewicht zu reduzieren.

AVIMIMUS

Entdeckt in: Mongolei
Lebensraum: halbtrockene Ebenen
Wann: vor 80–75 Millionen Jahren
Name bedeutet: Vogelnachahmer
Besonderheit: sehr schneller Läufer

ALLESFRESSER
OBERKREIDE
GEFAHRENSTUFE 2

SCHNELLER LÄUFER

Avimimus zählte zu den schnellsten unter den bekannten Dinosauriern.

SCHON GEWUSST?

Möglicherweise hatte *Avimimus* viel mehr Federn als hier abgebildet. Er konnte aber mit ziemlicher Sicherheit nicht fliegen.

SCHARFE SINNE

Avimimus hatte große Augen und ein scharfes Sehvermögen, um Beute zu entdecken und Raubdinosauriern auszuweichen.

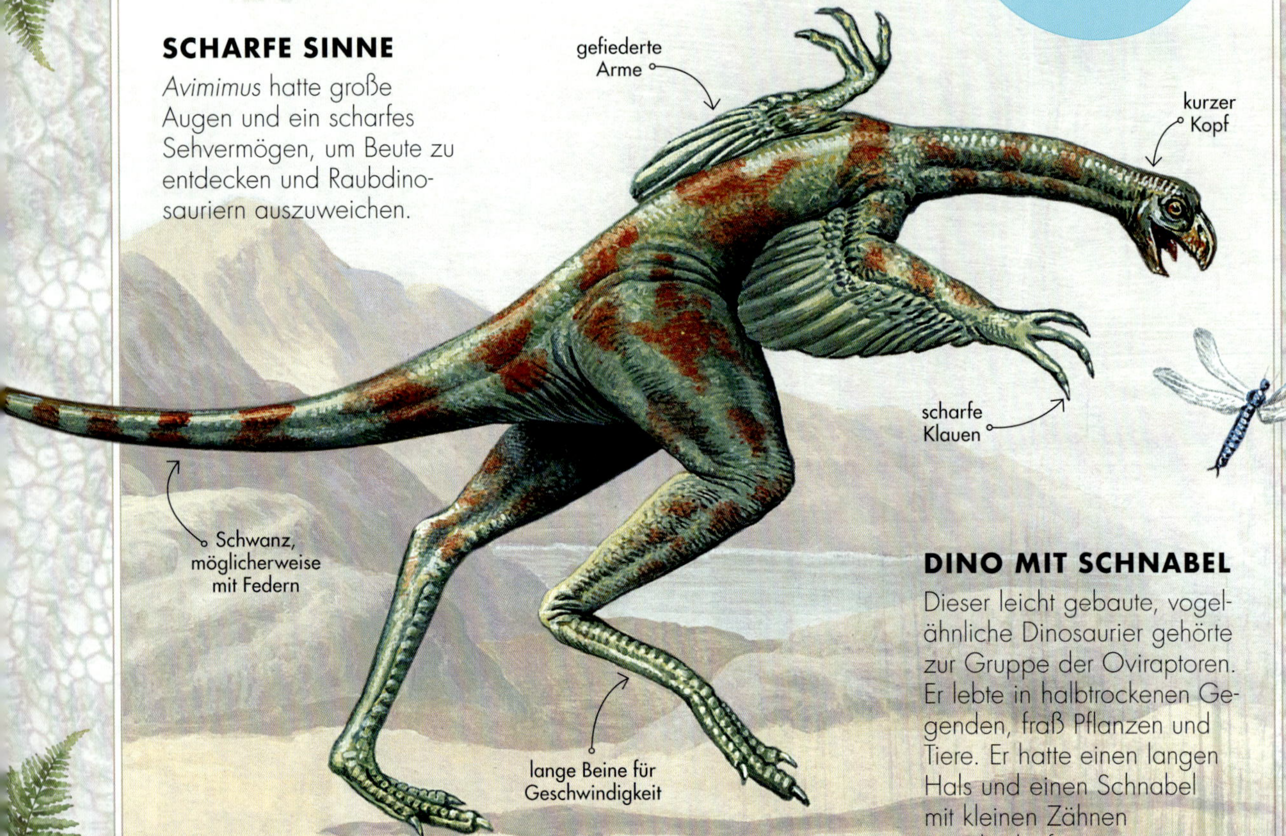

DINO MIT SCHNABEL

Dieser leicht gebaute, vogelähnliche Dinosaurier gehörte zur Gruppe der Oviraptoren. Er lebte in halbtrockenen Gegenden, fraß Pflanzen und Tiere. Er hatte einen langen Hals und einen Schnabel mit kleinen Zähnen im Oberkiefer.

Länge: 1,5 m
Nahrung: Pflanzen, Insekten
Gruppe: Theropoda
Familie: Oviraptosauria

Avimimus war einer von mehreren Dinosauriern, aus denen sich wahrscheinlich die heutigen Vögel entwickelt haben. Vermutlich lebte er in großen Herden.

Entdeckt in: Montana (USA)
Lebensraum: lichte Waldgebiete
Wann: vor 84–71 Millionen Jahren
Name bedeutet: Bambi-Räuber
Besonderheit: schneller Läufer

BAMBIRAPTOR

FLEISCHFRESSER
OBERKREIDE
GEFAHRENSTUFE 2

GEFIEDERTER KÖRPER

Bambiraptor gehörte zu einer Gruppe von gefiederten Dinosauriern, auch wenn bei seinem Fossil keine Federn erhalten waren.

VOGELHAFTE ARME

Unser Wissen über diesen Dinosaurier stammt von einem Fossil, dass zu 95 Prozent vollständig war. Die Wissenschaft erkannte daran, dass der Dino ein großes Gehirn hatte und seine Unterarme wie ein Vogel an seinen Körper klappen konnte.

SCHON GEWUSST?

Dieser Dinosaurier wurde wegen seiner geringen Größe nach der Disney-Zeichentrickfigur Bambi benannt.

Länge: 1–1,5 m
Nahrung: Fleisch
Gruppe: Theropoda
Familie: Dromaeosauridae

Wahrscheinlich war *Bambiraptor* ein Warmblüter und mit daunenartigen Federn bedeckt, die ihn warm hielten. Er war schnell und aktiv.

BAROSAURUS

PFLANZENFRESSER

OBERJURA

GEFAHRENSTUFE 3

Entdeckt in: USA
Lebensraum: Wälder und Ebenen
Wann: vor 156–145 Millionen Jahren
Name bedeutet: schwere Echse
Besonderheit: riesig und stark

LANGER HALS

Dieser Riese aus der Jurazeit hatte einen kleinen Kopf und kleine Zähne. Er fraß weiches Pflanzenmaterial, das er mit seinem langen Hals aus den Baumkronen rupfte.

COOL BLEIBEN

Der lange Hals half *Barosaurus*, im heißen Sommer kühl zu bleiben.

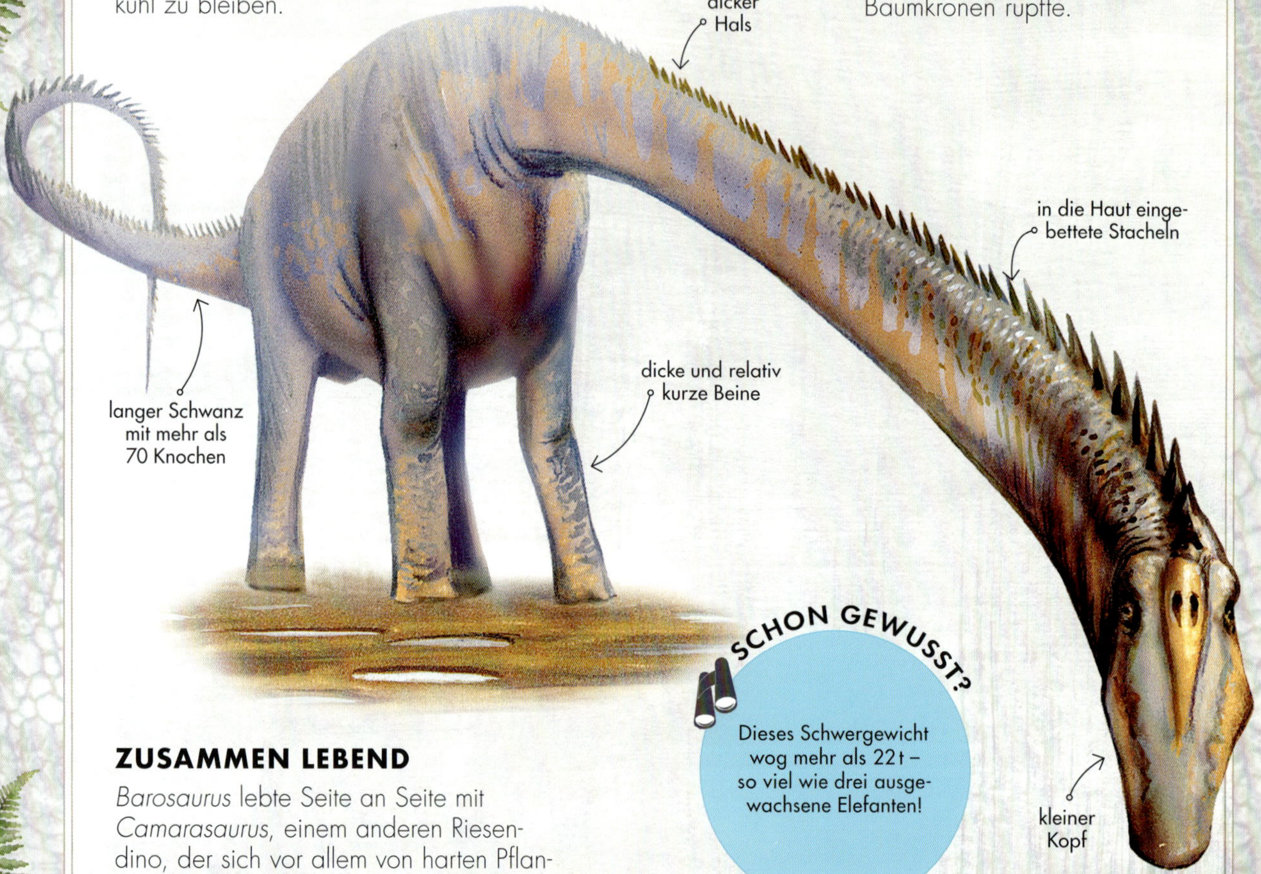

SCHON GEWUSST?

Dieses Schwergewicht wog mehr als 22 t – so viel wie drei ausgewachsene Elefanten!

ZUSAMMEN LEBEND

Barosaurus lebte Seite an Seite mit *Camarasaurus*, einem anderen Riesendino, der sich vor allem von harten Pflanzen und Rinde in Bodennähe ernährte.

Länge: 20–27 m
Nahrung: Pflanzen
Gruppe: Sauropodomorpha
Familie: Diplodocidae

Im Oberjura betrugen die Temperaturen in Nordamerika im Sommer durchschnittlich über 40 °C und fielen im Winter auf durchschnittlich 20 °C.

BARYONYX

Entdeckt in: England, Spanien
Lebensraum: in der Nähe von Seen
Wann: vor 130–125 Millionen Jahren
Name bedeutet: schwere Kralle
Besonderheit: schnelle Bewegungen

KROKOARTIG

Dieser Dinosaurier lebte an Ufern und jagte im Wasser nach Fischen. Er hatte einen langen, dünnen Hals und Schädel. Mit seiner schlanken Schnauze konnte er Beute aus dem Wasser schnappen, so wie es heutige Krokodile tun.

FLEISCHFRESSER
UNTERKREIDE
GEFAHRENSTUFE 4

SCHON GEWUSST?

Baryonyx hatte 64 Zähne – mehr als die meisten Theropoden. Die Zähne waren scharf und spitz, um glitschige Beute festzuhalten.

FISCHFRESSER

Der schlanke Kiefer und die fein gezackten Zähne von *Baryonyx* eigneten sich perfekt, um Fische zu fangen.

SCHARFE KRALLE

Baryonyx hatte eine große Daumenkralle, die etwa 30 cm lang war.

ARME UND HÄNDE

Mit seinen starken Armen und den großen Händen schnappte sich der Dinosaurier Beute aus dem Wasser.

Länge: bis zu 9,5 m
Nahrung: Fisch
Gruppe: Theropoda
Familie: Spinosauridae

Baryonyx war zweibeinig und wurde mit Fischschuppen und -gräten im Magen gefunden. Er war einer der wenigen bekannten fischfressenden Dinosaurier.

SCHON GEWUSST?

Was *Beipiaosaurus* fraß, ist ungewiss. Er könnte ein Allesfresser gewesen sein, also sich von Pflanzen und Fleisch ernährt haben.

RÄTSELHAFTE MERKMALE

Beipiaosaurus war ein seltsames Wesen. Er war ein Therizinosaurier – ein vogelähnlicher Dinosaurier mit langem Hals, einem großen Kopf und knollenförmigen Zähnen, die sich eher zum Fressen von Pflanzen als von Fleisch eigneten. Sein Körper war mit Federn bedeckt, aber er konnte nicht fliegen.

Entdeckt in: China
Lebensraum: Wälder und Ebenen
Wann: vor 127–121 Millionen Jahren
Name bedeutet: Echse von Beipiao
Besonderheit: gefährliche Klauen

BEIPIAOSAURUS

ALLESFRESSER

UNTERKREIDE

GEFAHRENSTUFE 2

VIELE FEDERN

Dieser Dinosaurier hatte zwei Arten von haarähnlichen Federn. Kurze, weiche Daunenfedern bedeckten den ganzen Körper und hielten ihn wahrscheinlich warm. Längere Federn an Armen und Hals dienten wohl dazu, sich Artgenossen zu zeigen und Partner anzulocken.

Länge: 2 m
Nahrung: Fleisch, Pflanzen
Gruppe: Theropoda
Familie: Therizinosauridae

Beipiaosaurus ist einer der größten gefundenen Dinosaurier mit Federn, aber wozu sie dienten, bleibt immer noch ein Rätsel.

BONITASAURA

Entdeckt in: Argentinien
Lebensraum: Wälder
Wann: vor 80 Millionen Jahren
Name bedeutet: Bonita-Echse
Besonderheit: kräftiger Hals

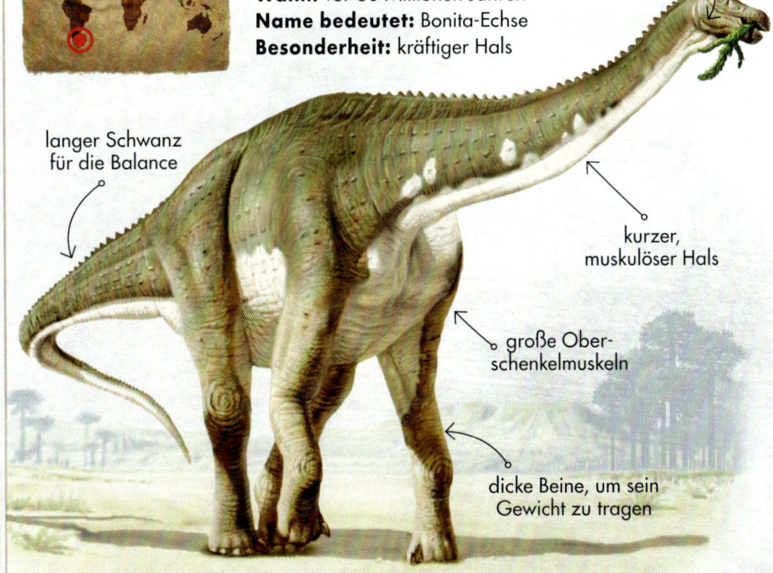

PFLANZENFRESSER

OBERKREIDE

GEFAHRENSTUFE 3

LAUBHARKE

Bonitasaura war ein riesiger Pflanzenfresser. Er hatte ein breites Maul und viele kleine, zapfenartige Zähne, mit denen er das Laub von Pflanzen harken konnte. Mit seinem kurzen, kräftigen Hals gelang es ihm, ganze Äste von Bäumen herunterzuziehen.

BOREALOPELTA

Entdeckt in: Kanada
Lebensraum: Buschland
Wann: vor 112–110 Millionen Jahren
Name bedeutet: nördlicher Schild
Besonderheit: stacheliger Körperpanzer

PFLANZENFRESSER

UNTERKREIDE

GEFAHRENSTUFE 2

GUT GEPANZERT

Dieser Dino hatte oben und an den Seiten seines breiten Körpers enge Reihen kleiner gepanzerter Platten. Aus seinen Schultern ragte ein Paar langer Stacheln heraus. Sie boten ihm einen guten Schutz vor Räubern und halfen ihm, einen Partner anzulocken.

Länge: 9 m
Nahrung: Pflanzen
Gruppe: Sauropodomorpha
Familie: Titanosauridae

Länge: 5,5 m
Nahrung: hauptsächlich Farne
Gruppe: Ankylosauria
Familie: Nodosauridae

BRACHIOSAURUS

Entdeckt in: USA, Tansania
Lebensraum: Wälder
Wann: vor 156–145 Millionen Jahren
Name bedeutet: Armechse
Besonderheit: enorme Größe

PFLANZENFRESSER
OBERJURA
GEFAHRENSTUFE 3

HOCHGEWACHSEN

Dieser Riese war groß genug, um durch das Fenster eines fünfstöckigen Gebäudes zu blicken. Um diese Höhe zu erreichen, musste ein *Brachiosaurus* mehr als 30 Jahre wachsen. Er gehörte zu den wenigen Dinos, deren Vorderbeine länger als die Hinterbeine waren.

SCHON GEWUSST?

Forschende dachten früher, *Brachiosaurus* hätte im Wasser gelebt und seinen Kopf an seinem langen Hals wie einen Schnorchel aus dem Wasser gestreckt.

GIRAFFENARTIG

Brachiosaurus stand auf die gleiche Weise wie eine Giraffe, und wie sie ernährte er sich von Blättern aus den Baumkronen.

Länge: 23 m
Nahrung: Pflanzen
Gruppe: Sauropodomorpha
Familie: Brachiosauridae

Mit seinem Gewicht von mindestens 30 t galt *Brachiosaurus* lange Zeit als der schwerste Dinosaurier. Mittlerweile weiß man, dass es noch schwerere Sauropoden gab.

BYRONOSAURUS

Entdeckt in: Mongolei
Lebensraum: in der Nähe von Seen
Wann: vor 85–80 Millionen Jahren
Name bedeutet: Byrons Echse
Besonderheit: schneller Läufer

FLEISCHFRESSER
OBERKREIDE
GEFAHRENSTUFE 1

KLEINER RAUBDINOSAURIER

Dieser flinke Fleischfresser konnte nur kleine Tiere angreifen, da er zierlich war. Er wog nur etwa 4 kg, war 50 cm hoch und hatte kleine, nadelförmige Zähne.

SCHON GEWUSST?

Byronosaurus konnte vermutlich wie ein heutiger Kuckuck seine Eier in die Nester anderer Dinosaurier legen, die dann seine Jungen aufzogen.

BEGRENZTE BEUTE

Wegen seiner kleinen Zähne beschränkte sich die Ernährung von *Byronosaurus* auf Tiere mit weichem Körper, etwa kleine Säugetiere, Insekten und Frösche.

VOGELARTIGE SCHNAUZE

Wie Vögel atmete dieser Dinosaurier durch eine Nasenkammer Luft in den Mund.

Länge: 1,5 m
Nahrung: Fleisch
Gruppe: Theropoda
Familie: Troodontidae

Von *Byronosaurus* fand man die Fossilien zweier erwachsener Tiere, darunter ein vollständiger Schädel. Auch von Jungtieren wurden zwei Skelette entdeckt.

CAMARASAURUS

Entdeckt in: USA
Lebensraum: Wälder und Ebenen
Wann: vor 150–140 Millionen Jahren
Name bedeutet: Hohlraumechse
Besonderheit: Klaue am Vorderfuß

PFLANZENFRESSER

OBERJURA

GEFAHRENSTUFE 2

BÄUME ENTBLÄTTERN

Dieser große Sauropode war darauf spezialisiert, harte, faserige Pflanzen zu fressen. Er nutzte seine starken, 15 cm langen Zähne, um Laub von Bäumen abzustreifen.

SCHON GEWUSST?

Der Dinosaurier wurde nach den Hohlräumen in seinen Wirbeln benannt, die dazu beitrugen, das Gewicht seines Skeletts zu reduzieren.

GESCHÜTZTE SINNE

Der Schädel hatte eine große Nasenhöhle, weshalb der Dino wahrscheinlich einen ausgezeichneten Geruchssinn hatte.

Länge: 15–23 m
Nahrung: holzige Pflanzen
Gruppe: Sauropodomorpha
Familie: Camarasauridae

Camarasaurus ist einer der bekanntesten Sauropoden. Seine Knochen wurden überall im westlichen Nordamerika gefunden – darunter vollständige Skelette!

CARCHARODONTOSAURUS

Entdeckt in: Nordafrika
Lebensraum: Überschwemmungsgebiete
Wann: vor 100–93 Millionen Jahren
Name bedeutet: Scharfzahnechse
Besonderheit: schneller Läufer

FLEISCHFRESSER
OBERKREIDE
GEFAHRENSTUFE 5

DICKER KOPF

Dicke Schuppen auf der Oberseite des Kopfes schützten den etwa 1,5 m langen Schädel.

KLEINES HIRN

Im Verhältnis zur Körpergröße war das Gehirn dieses Dinosauriers kleiner als das von lebenden Reptilien.

SCHNELLER JÄGER

Etwa so groß wie *Tyrannosaurus rex*, aber schneller und mit schärferen Zähnen, jagte dieser wilde Räuber Sauropoden und andere große Pflanzenfresser.

SCHON GEWUSST?

Dieser Dinosaurier hatte dreieckige, nur leicht gebogene Zähne – so ähnlich wie die von einem Weißen Hai.

Länge: 13 m
Nahrung: Fleisch
Gruppe: Theropoda
Familie: Carcharodontosauridae

Carcharodontosaurus jagte über riesige Entfernungen. Erbitterte Kämpfe um Territorien waren zwischen Rivalen alltäglich.

CARNOTAURUS

Entdeckt in: Argentinien
Lebensraum: Wälder und Ebenen
Wann: vor 72–66 Millionen Jahren
Name bedeutet: fleischfressender Stier
Besonderheit: gefährliche Hörner

FLEISCHFRESSER
OBERKREIDE
GEFAHRENSTUFE 5

HINTERHÄLTIGES RAUBTIER

Dieser kleine, leicht gebaute Fleischfresser war ein Abelisaurier, eine in südlichen Kontinenten verbreitete Gruppe von Theropoden. Er hatte zwei herausragende Merkmale: die Hörner über seinen Augen und ungewöhnliche Unterarme. Trotz seines kurzen Schädels und des schwachen Unterkiefers konnte er sowohl große Beutetiere angreifen als auch kleine Beutetiere im Ganzen verschlingen.

SCHON GEWUSST?

Sein Name bezieht sich auf die Hörner, die über den Augenhöhlen hervorragten.

HÖRNER

Es ist nicht geklärt, wie *Carnotaurus* seine Hörner verwendete. Vielleicht waren sie nur zum Beeindrucken anderer Dinos da, vielleicht dienten die Hörner aber auch zum Verletzen der Beute und im Kampf gegen Rivalen.

Länge: 8 m
Nahrung: Fleisch
Gruppe: Theropoda
Familie: Abelisauridae

Carnotaurus hatte einen relativ kleinen Unterkiefer mit langen Zähnen, die Beute schnell, kraftvoll und schlitzend zerbeißen konnten.

Entdeckt in: China
Lebensraum: in der Nähe von Seen
Wann: vor 125–122 Millionen Jahren
Name bedeutet: Schwanzfeder
Besonderheit: schneller Läufer

MAGENSTEINE

Bei den Fossilien von *Caudipteryx* entdeckte man Steine im Magen, die beim Zermahlen der pflanzlichen Nahrung halfen. Vermutlich fraß der Dino auch Fleisch.

SCHON GEWUSST?

Obwohl er an Armen und Schwanz lange Federn trug, waren sie zu kurz zum Fliegen.

VOGELARTIG

Caudipteryx wies eine Mischung aus Reptilien- und Vogelmerkmalen auf. Mit seinen langen Beinen und leichten, hohlen Knochen konnte er schnell rennen, um zu jagen und selbst zu fliehen.

CAUDIPTERYX

ALLESFRESSER
UNTERKREIDE
GEFAHRENSTUFE 1

Länge: 1 m
Nahrung: Fleisch, Pflanzen
Gruppe: Theropoda
Familie: Caudipteridae

Caudipteryx war ein gefiederter, vogelähnlicher Dino, der nicht fliegen konnte. Nach der Entdeckung von *Archaeopteryx* erkannten Forscher und Forscherinnen auch am Fossil von *Caudipteryx* die enge Verwandtschaft von Dinosauriern und Vögeln.

SCHON GEWUSST?

Die *Centrosaurus*-Schädel wiesen Unterschiede auf, die wahrscheinlich solche zwischen Männchen und Weibchen waren.

Entdeckt in: Kanada
Lebensraum: lichte Waldgebiete
Wann: vor 76–74 Millionen Jahren
Name bedeutet: Scharfspitzenechse
Besonderheit: gefährliche Hörner

CENTROSAURUS

PFLANZENFRESSER

OBERKREIDE

GEFAHRENSTUFE 3

HERDENTIER

Centrosaurus lebte in großen Herden. In Kanada wurden Tausende *Centrosaurus*-Skelette an einem Ort gefunden. Möglicherweise war die Herde bei der Überquerung eines Flusses ertrunken, als eine Sturzflut sie überraschte.

Länge: 6 m
Nahrung: Pflanzen
Gruppe: Ceratopsia
Familie: Ceratopsridae

Centrosaurus hatte keine Krallen, sondern eher stumpfe Hufe an den Zehen. Sie sorgten bei diesem massigen Tier für guten Halt.

CERATOSAURUS

Entdeckt in: USA und Portugal
Lebensraum: Busch- und Waldland
Wann: vor 150–144 Millionen Jahren
Name bedeutet: Hornechse
Besonderheit: schneller Läufer

FLEISCHFRESSER
OBERJURA
GEFAHRENSTUFE 5

SCHON GEWUSST?

Männliche Exemplare könnten im Duell versucht haben, den Gegner mit ihren kräftigen Armen zu Boden zu drücken.

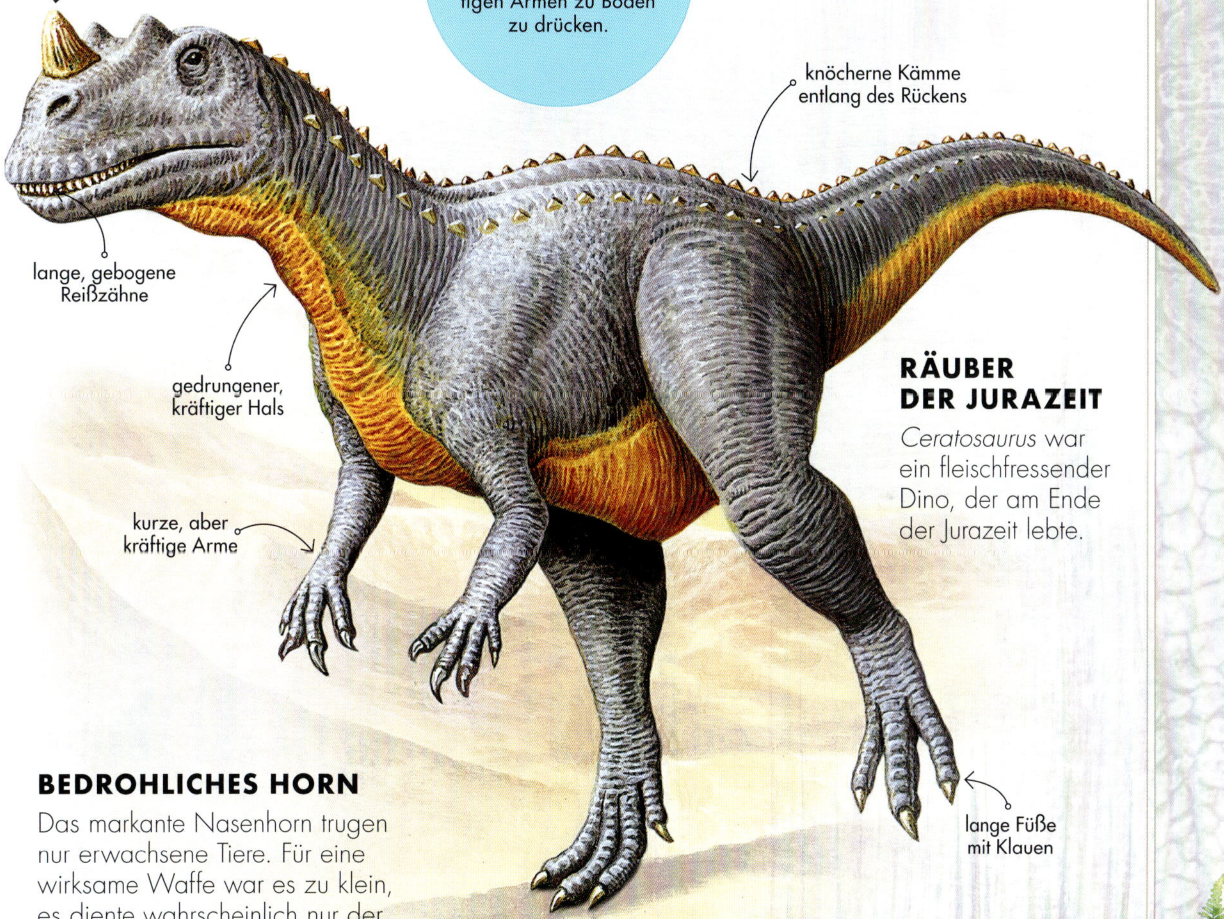

RÄUBER DER JURAZEIT

Ceratosaurus war ein fleischfressender Dino, der am Ende der Jurazeit lebte.

BEDROHLICHES HORN

Das markante Nasenhorn trugen nur erwachsene Tiere. Für eine wirksame Waffe war es zu klein, es diente wahrscheinlich nur der Zurschaustellung.

Länge: 6 m
Nahrung: Fleisch
Gruppe: Theropoda
Familie: Ceratopsidae

Von *Ceratosaurus* wurde erst ein vollständiges Skelett gefunden, es stammt womöglich von einem Jungtier. Forscher und Forscherinnen vermuten, dass ein erwachsener *Ceratosaurus* länger als 6 m gewesen sein könnte.

CHASMOSAURUS

PFLANZENFRESSER

OBERKREIDE

GEFAHRENSTUFE 3

Entdeckt in: USA, Kanada
Lebensraum: Wälder und Ebenen
Wann: vor 75 Millionen Jahren
Name bedeutet: Lochechse
Besonderheit: gefährliche Hörner

DREI HÖRNER

Chasmosaurus war eng mit Triceratops verwandt. Er hatte drei Hörner auf dem Kopf. Ein großer Nackenschild am Hinterkopf glich das Gewicht der Hörner aus.

LANGSAMER LÄUFER

Mit schwerem Körper und kurzen Beinen bewegte sich *Chasmosaurus* langsam, hatte aber große Ausdauer für lange Wege.

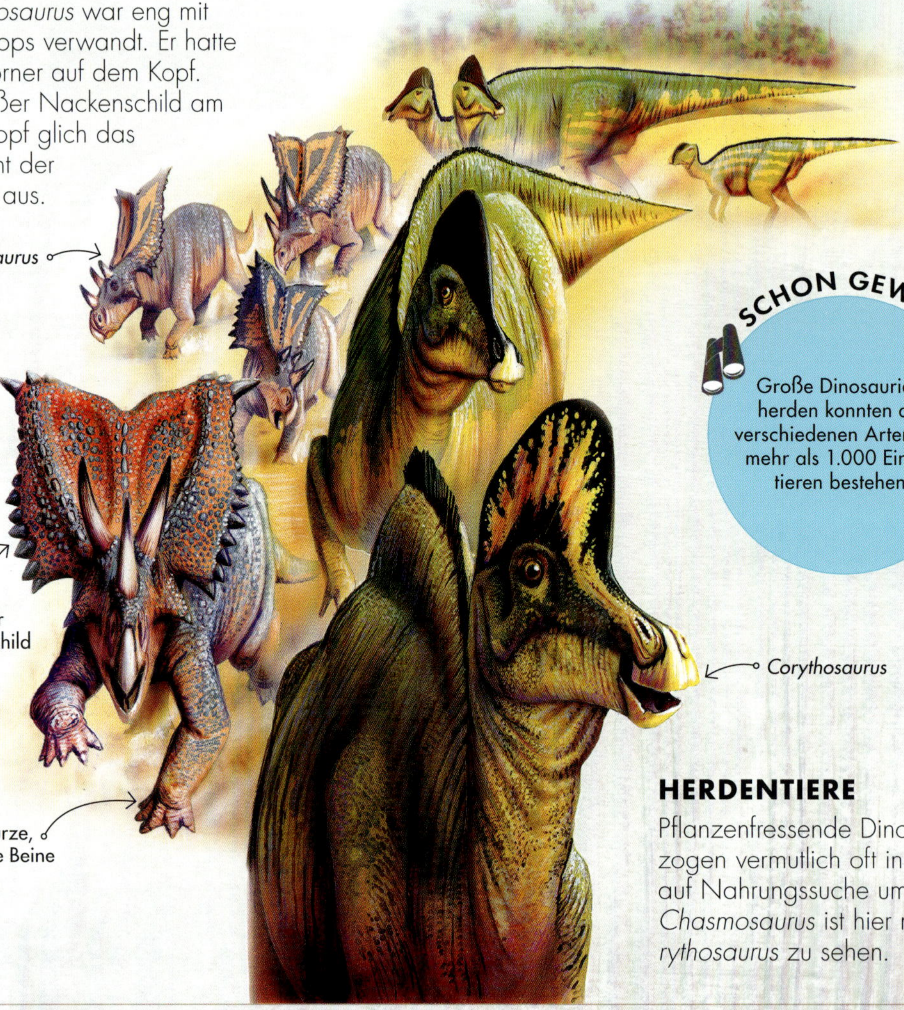

SCHON GEWUSST?

Große Dinosaurierherden konnten aus verschiedenen Arten und mehr als 1.000 Einzeltieren bestehen.

HERDENTIERE

Pflanzenfressende Dinosaurier zogen vermutlich oft in Herden auf Nahrungssuche umher. *Chasmosaurus* ist hier mit *Corythosaurus* zu sehen.

Länge: 4–5 m
Nahrung: Pflanzen
Gruppe: Ceratopsia
Familie: Ceratopsidae

Chasmosaurus hatte eine lange Schnauze und einen papageienartigen Schnabel. Sein Nackenschild hatte zwei große Öffnungen, die wahrscheinlich mit Haut überzogen waren.

Entdeckt in: USA, Südafrika und Simbabwe
Lebensraum: Flussauen
Wann: vor 225–208 Millionen Jahren
Name bedeutet: Hohlform
Besonderheit: schneller Läufer

COELOPHYSIS

FLEISCHFRESSER

OBERTRIAS

GEFAHRENSTUFE 3

SCHON GEWUSST?

Auch wenn er kleiner war als einige der Giganten, an deren Seite er lebte, war dieser Dinosaurier einer der schnellsten seiner Zeit.

SCHNELLE REAKTION

Coelophysis nutzte sein scharfes Sehvermögen und seine schnelle Reaktion, um kleine Beutetiere zu fangen. Die Weibchen wogen weniger als die Männchen. Kopf, Hals und Arme waren bei ihnen länger – so liefen sie noch schneller.

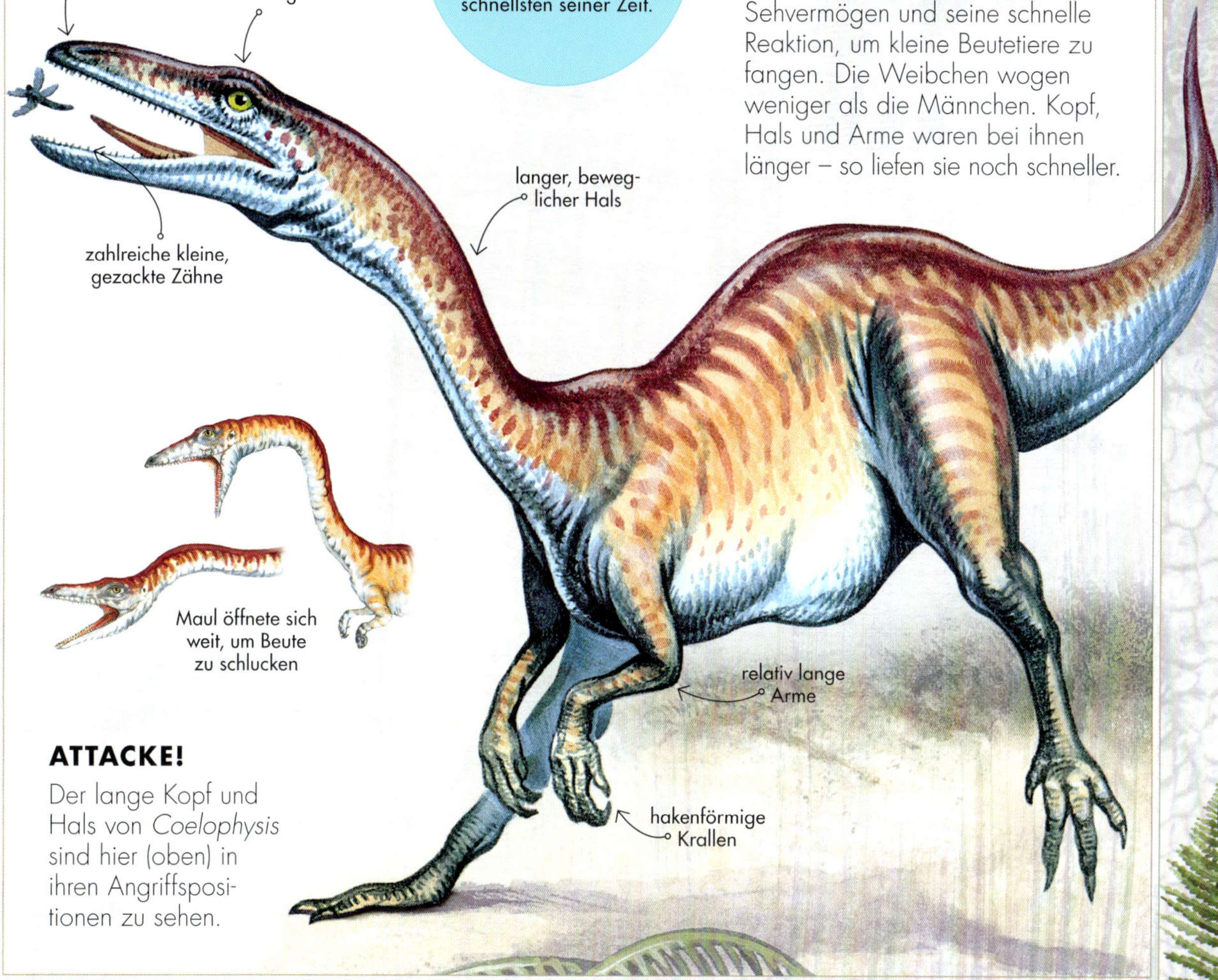

ATTACKE!

Der lange Kopf und Hals von *Coelophysis* sind hier (oben) in ihren Angriffspositionen zu sehen.

Länge: 3 m
Nahrung: Fleisch
Gruppe: Theropoda
Familie: Coelophysidae

Coelophysis lebte in Herden und wurde durch zahlreiche Skelettfunde bekannt. Man entdeckte ihn neben kleinen Eidechsen, die wahrscheinlich seine Beute waren.

COMPSOGNATHUS

Entdeckt in: Frankreich, Deutschland
Lebensraum: an Flüssen und Küsten
Wann: vor 150 Millionen Jahren
Name bedeutet: eleganter Kiefer
Besonderheit: klein und wendig

FLEISCHFRESSER

OBERJURA

GEFAHRENSTUFE 1

LEICHTGEWICHT

Compsognathus hatte dünne, leichte Knochen, dank derer er sich sehr schnell fortbewegen konnte.

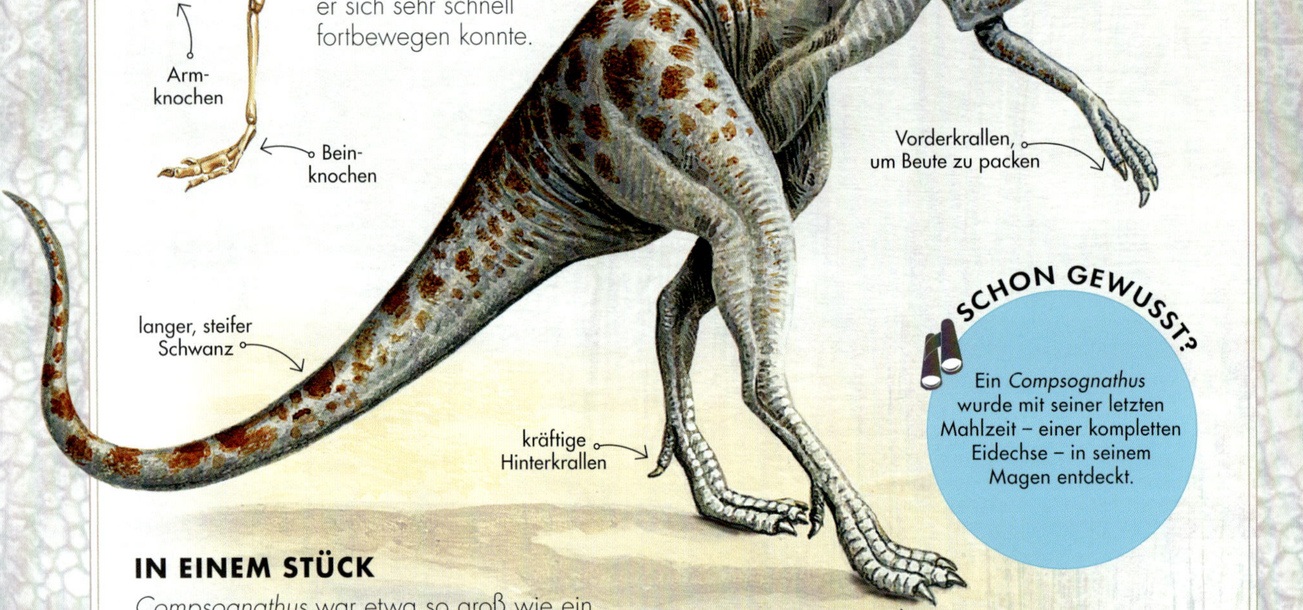

SCHON GEWUSST?

Ein *Compsognathus* wurde mit seiner letzten Mahlzeit – einer kompletten Eidechse – in seinem Magen entdeckt.

IN EINEM STÜCK

Compsognathus war etwa so groß wie ein ausgewachsener Truthahn und erbeutete kleine Tiere, die er im Ganzen schluckte. Seine Zähne waren zum Greifen von Beute geeignet, aber – anders als bei vielen größeren Dinosauriern – nicht zum Zerschneiden.

Länge: 1 m
Nahrung: Fleisch
Gruppe: Theropoda
Familie: Compsognathidae

Compsognathus wurde in denselben fossilen Ablagerungen gefunden wie der erste Vogel, *Archaeopteryx*, und die ersten Flugsaurier.

Entdeckt in: Kanada
Lebensraum: an Seen und Küsten
Wann: vor 80–65 Millionen Jahren
Name bedeutet: korinthische Helmechse
Besonderheit: schneller Läufer

SCHON GEWUSST?

Der Kamm dieses Dinosauriers hatte zwei Hohlkammern, die ihm wahrscheinlich halfen, seine Temperatur und Feuchtigkeit zu regulieren.

ANDERE RUFEN

Das auffälligste Merkmal dieses Dinosauriers war der knöcherne Kamm auf seinem Kopf. Vermutlich konnte *Corythosaurus* damit Geräusche machen und auf diese Weise mit anderen in der Herde kommunizieren.

CORYTHOSAURUS

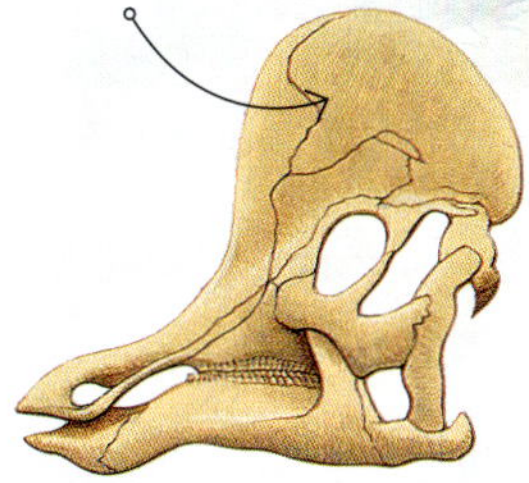

ANGEBEN

Männchen nutzten ihren hohen Kopfkamm möglicherweise, um Weibchen anzulocken und andere Männchen einzuschüchtern.

PFLANZENFRESSER
OBERKREIDE
GEFAHRENSTUFE 2

Länge: 10 m
Nahrung: Pflanzen
Gruppe: Ornithopoda
Familie: Hadrosauridae

Das erste gefundene *Corythosaurus*-Exemplar gilt als besonders bemerkenswert, da zusammen mit den Knochen auch Hautreste erhalten waren.

CRYOLOPHOSAURUS

Entdeckt in: Antarktika
Lebensraum: gemäßigte Ebenen
Wann: vor 199–191 Millionen Jahren
Name bedeutet: gefrorene Kammechse
Besonderheit: hoher Knochenkamm

FLEISCHFRESSER
UNTERJURA
GEFAHRENSTUFE 5

SÜDPOL-DINO

Dieser Theropode aus dem Unterjura wurde etwa 650 km vom Südpol entfernt auf etwa 4.000 m über dem Meeresspiegel entdeckt: extreme Bedingungen für die Dinosaurierforschung.

SCHON GEWUSST?

Der Spitzname dieses Dinosauriers ist „Elvis", da der Kamm auf seinem Schädel so ähnlich aussah wie die Haartolle des Sängers Elvis Presley.

Länge: 6,5 m
Nahrung: Fleisch
Gruppe: Theropoda
Familie: Dilophosauridae

Mit einem Gewicht von über 465 kg war *Cryolophosaurus* der schwerste der frühen Jura-Theropoden.

DACENTRURUS

PFLANZENFRESSER
OBERJURA
GEFAHRENSTUFE 3

Entdeckt in: England
Lebensraum: an Seen
Wann: vor 154–150 Millionen Jahren
Name bedeutet: sehr spitzer Schwanz
Besonderheit: gefährliche, scharfe Stacheln

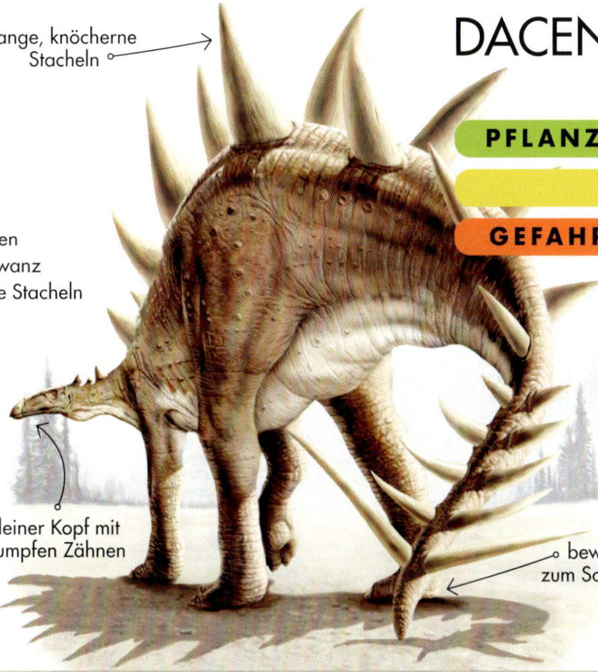

STACHEL-RÜCKEN

Dieser gigantische Stegosaurier lebte zur gleichen Zeit wie *Stegosaurus*. Beide Dinosaurier hatten lange Stacheln und Platten auf dem Rücken.

Entdeckt in: Mongolei
Lebensraum: Flussdeltas
Wann: vor 70 Millionen Jahren
Name bedeutet: schreckliche Hand
Besonderheit: langsam und groß

DEINOCHEIRUS

ALLESFRESSER
OBERKREIDE
GEFAHRENSTUFE 2

TROTTENDES MONSTER

Dieser riesige Dinosaurier war viel größer als andere Tiere seiner Familie, wie etwa *Gallimimus*. *Deinocheirus* sprintete nicht, er trottete eher auf klobigen Beinen dahin.

Länge: 6–8 m
Nahrung: Pflanzen
Gruppe: Stegosauria
Familie: Stegosauridae

Länge: 12 m
Nahrung: Pflanzen, eventuell Fische
Gruppe: Ornithomimosauria
Familie: Deinocheiridae

DEINONYCHUS

Entdeckt in: USA
Lebensraum: Wälder und Ebenen
Wann: vor 115–108 Millionen Jahren
Name bedeutet: schreckliche Klaue
Besonderheit: riesige Hinterklaue zum Aufschlitzen

FLEISCHFRESSER
UNTERKREIDE
GEFAHRENSTUFE 5

BRUTALE KRALLE

Deinonychus war nicht sehr groß, aber ein furchterregender Raubdino. An der zweiten Zehe seiner Hinterbeine hatte er eine rasiermesserscharfe, sichelartige Kralle. Mit dieser bis zu 13 cm langen, grausamen Waffe konnte er seine Beute tödlich verwunden.

SCHON GEWUSST?

Die Zähne von *Deinonychus* wirkten wie eine Säge, die Haut, Muskeln und Knochen durchtrennte.

SÄGEZÄHNE

Mit seinen 60 gebogenen Zähnen konnte er tödlich zubeißen.

MORDSKRALLE

Die Kralle konnte sich schnell um 180 Grad drehen.

Länge: 2,5–3 m
Nahrung: Fleisch
Gruppe: Theropoda
Familie: Dromaeosauridae

Studien über *Deinonychus* zeigten als erste, dass einige Dinosaurier schnell und wendig waren – und nicht, wie bis dahin gedacht, alle langsam und schwerfällig.

DIABLOCERATOPS

Entdeckt in: USA
Lebensraum: Wälder in See- und Flussnähe
Wann: vor 80 Millionen Jahren
Name bedeutet: Gesicht mit Teufelshörnern
Besonderheit: gefährliche Hörner

PFLANZENFRESSER
OBERKREIDE
GEFAHRENSTUFE 3

GEHÖRNTER TEUFEL

Der riesige Kopf von *Diabloceratops* maß von seinem Schnabelmaul bis zur Rückseite seines bunten Nackenschilds fast 1 m. Ungewöhnlich für diesen Dinotyp waren die langen Stacheln über seinen Augen und die gebogenen, 50 cm langen Hörner auf seinem Schild.

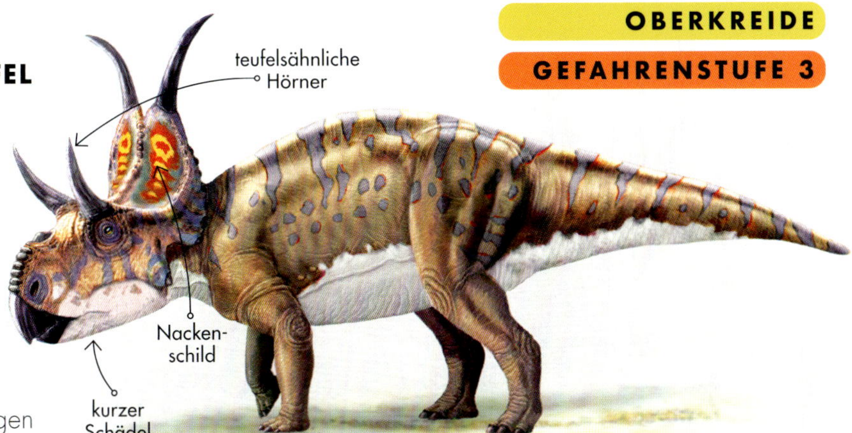

DILONG

Entdeckt in: China
Lebensraum: Wälder und Ebenen
Wann: vor 125 Millionen Jahren
Name bedeutet: kaiserlicher Drache
Besonderheit: schneller Läufer

FLEISCHFRESSER
UNTERKREIDE
GEFAHRENSTUFE 3

MINI-REX

Der flugunfähige Dinosaurier *Dilong* war als kleiner, gefiederter Jäger ein frühes Mitglied der Tyrannosaurier-Familie. Zu ihr gehörte auch der viel größere und wildere *Tyrannosaurus rex*, der in der Oberkreide lebte.

Länge: 5,5 m
Nahrung: Pflanzen
Gruppe: Ceratopsia
Familie: Ceratopsidae

Länge: 1,8 m
Nahrung: Fleisch
Gruppe: Theropoda
Familie: Tyrannosauridae

DILOPHOSAURUS

Entdeckt in: USA
Lebensraum: Gebüsch, lichte Wälder
Wann: vor 201–189 Millionen Jahren
Name bedeutet: Doppelkammechse
Besonderheit: zwei ungewöhnliche Knochenkämme

FLEISCHFRESSER

UNTERJURA

GEFAHRENSTUFE 4

KAMMKOPF

Dieser leicht gebaute Theropode war nicht so groß wie *Allosaurus*, aber schneller als die meisten Tiere seiner Zeit. Die zwei großen halbrunden Kämme auf seinem Kopf gaben ihm seinen Namen.

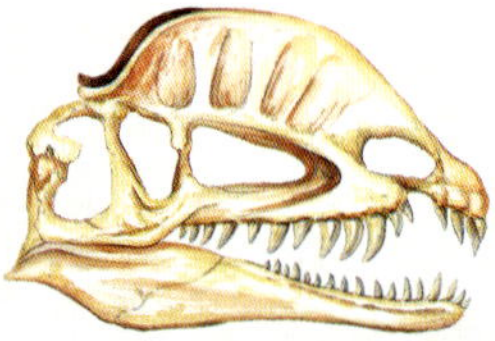

Dilophosaurus hatte einen abgeknickten Oberkiefer mit einer Lücke zwischen den Vorder- und Backenzähnen. Diese half ihm wahrscheinlich, Fleisch aus Kadavern zu ziehen.

SCHON GEWUSST?

Dilophosaurus' Kopfkämme könnten so dünn gewesen sein, dass das Sonnenlicht durch sie hindurchschien.

Länge: 6–7 m
Nahrung: Fleisch
Gruppe: Theropoda
Familie: Dilophosauridae

Der männliche *Dilophosaurus* konnte mit dem Kopf nach oben und unten nicken, um seinen Kamm zu zeigen, entweder um Weibchen anzulocken oder Rivalen zu bedrohen.

Entdeckt in: USA
Lebensraum: Überschwemmungsgebiete
Wann: vor 154–150 Millionen Jahren
Name bedeutet: Doppelbalken
Besonderheit: peitschenartiger Schwanz

DIPLODOCUS

PFLANZENFRESSER

OBERJURA

GEFAHRENSTUFE 2

JUNG UND ALT

Die Zähne eines jungen *Diplodocus* lagen weiter hinten im Maul als die eines Erwachsenen. Das deutet darauf hin, dass sie sich unterschiedlich ernährten.

BEINE

Die Hinterbeine von *Diplodocus* waren länger als die Vorderbeine. Er konnte sich auf seinen Hinterbeinen aufrichten, um Blätter in höheren Bäumen zu erreichen – und vielleicht auch, um Raubdinosaurier abzuschrecken.

SCHON GEWUSST?

Diplodocus ernährte sich, indem er mit seinen zapfenartigen Zähnen einen Ast packte und seinen Kopf scharf nach hinten zog, um den Ast abzustreifen.

LANGE EIDECHSE

Mit 30 m Länge gehörte *Diplodocus* zu den längsten Dinosauriern überhaupt. Sein Hals war 6 m lang, als Gegengewicht diente der 20 m lange Schwanz mit seinen 80 Wirbeln.

RIESENFUSS

Große Füße trugen den gewaltigen Körper von *Diplodocus*. Er lief auf seinen Zehen wie ein Elefant.

Länge: 30 m
Nahrung: Pflanzen
Gruppe: Sauropodomorpha
Familie: Diplodocidae

Diplodocus hat seinen Namen von den „Doppelbalken" (etwa v-formigen Knochen) an der Schwanzunterseite, die wohl die Blutgefäße schützten, wenn er sich aufbäumte.

KOPFSTACHELN

Dracorex hatte Stacheln und kleine Höcker am Kopf. Die Wissenschaft meint, dass sich sein flacher Schädel im Laufe des Lebens zu einer Kuppel entwickelte.

Entdeckt in: USA
Lebensraum: lichte Waldgebiete
Wann: vor 66 Millionen Jahren
Name bedeutet: Drachenkönig
Besonderheit: scharfe Krallen

JUNGER DINOSAURIER

Heute nimmt die Forschung an, dass *Dracorex* keine eigene Art bildete, sondern ein junger *Pachycephalosaurus* war. Und *Stygimoloch* könnte ein junger erwachsener *Pachycephalosaurus* gewesen sein.

SCHON GEWUSST?

Bis zu einem Drittel aller Dinosaurier, die eigene Namen tragen, könnten in Wirklichkeit andere schon bekannte Dinos sein – nur eben in unterschiedlichen Wachstumsphasen.

DRACOREX

PFLANZENFRESSER

OBERKREIDE

GEFAHRENSTUFE 2

Länge: bis zu 4 m
Nahrung: Pflanzen
Gruppe: Pachycephalosauria
Familie: Pachycephalosauridae

Der vollständige Name ist *Dracorex hogwartsia*, nach der Zauberschule in den Harry-Potter-Büchern. Durch ein Exemplar, das drei Amateur-Dinosaurierjäger entdeckten, wurde er bekannt.

DROMAEOSAURUS

Entdeckt in: USA, Kanada
Lebensraum: lichte Waldgebiete
Wann: vor 76–74 Millionen Jahren
Name bedeutet: rennende Echse
Besonderheit: kraftvoller Biss

FLEISCHFRESSER
OBERKREIDE
GEFAHRENSTUFE 3

GEFIEDER

Hier ohne Federn abgebildet, glauben einige Forschende jedoch, dass dem Dino an Händen, Armen und dem Schwanz lange Federn wuchsen.

STARKER KIEFER

Dieser kleine Theropode war schwerer als die anderen Mitglieder seiner Familie gebaut. Seine eher kleinen Zähne genügten zum Reißen, aber nicht zum Schneiden. Seine kräftigen Kiefer bildeten seine stärkste Waffe.

SCHON GEWUSST?

Der relativ kleine, aber extrem wilde *Dromaeosaurus* wird von der Forschung manchmal auch „Wolf der Kreidezeit" genannt.

KAUM BEKANNT

Über diesen Dinosaurier ist nur wenig bekannt, da noch kein vollständiges Skelett gefunden wurde.

Länge: etwa 1,8 m
Nahrung: Fleisch
Gruppe: Theropoda
Familie: Dromaeosauridae

Dromaeosaurus wurde nur durch ein Schädelfragment und einzelne Hand- und Fußknochen bekannt. Sein Schädel war dick, auch der Rest seines Skeletts könnte robust gewesen sein.

KLEIN UND VERLETZLICH

Dryosaurus war ein leicht gebauter Dino und mit den Iguanodonten verwandt. Geschwindigkeit war seine einzige Verteidigung. Mit langen Füßen und kräftigen Hinterbeinen konnte er wahrscheinlich allen Räubern entkommen. Die gefundenen Fossilien stammen von Jungtieren, vermutlich waren erwachsene Tiere noch größer.

Entdeckt in: USA
Lebensraum: dichte Wälder
Wann: vor 150–145 Millionen Jahren
Name bedeutet: Eichenechse
Besonderheit: schneller Läufer

SCHON GEWUSST?

An den Füßen des *Dryosaurus* fehlte der innere Zeh. Dadurch konnte er noch schneller laufen.

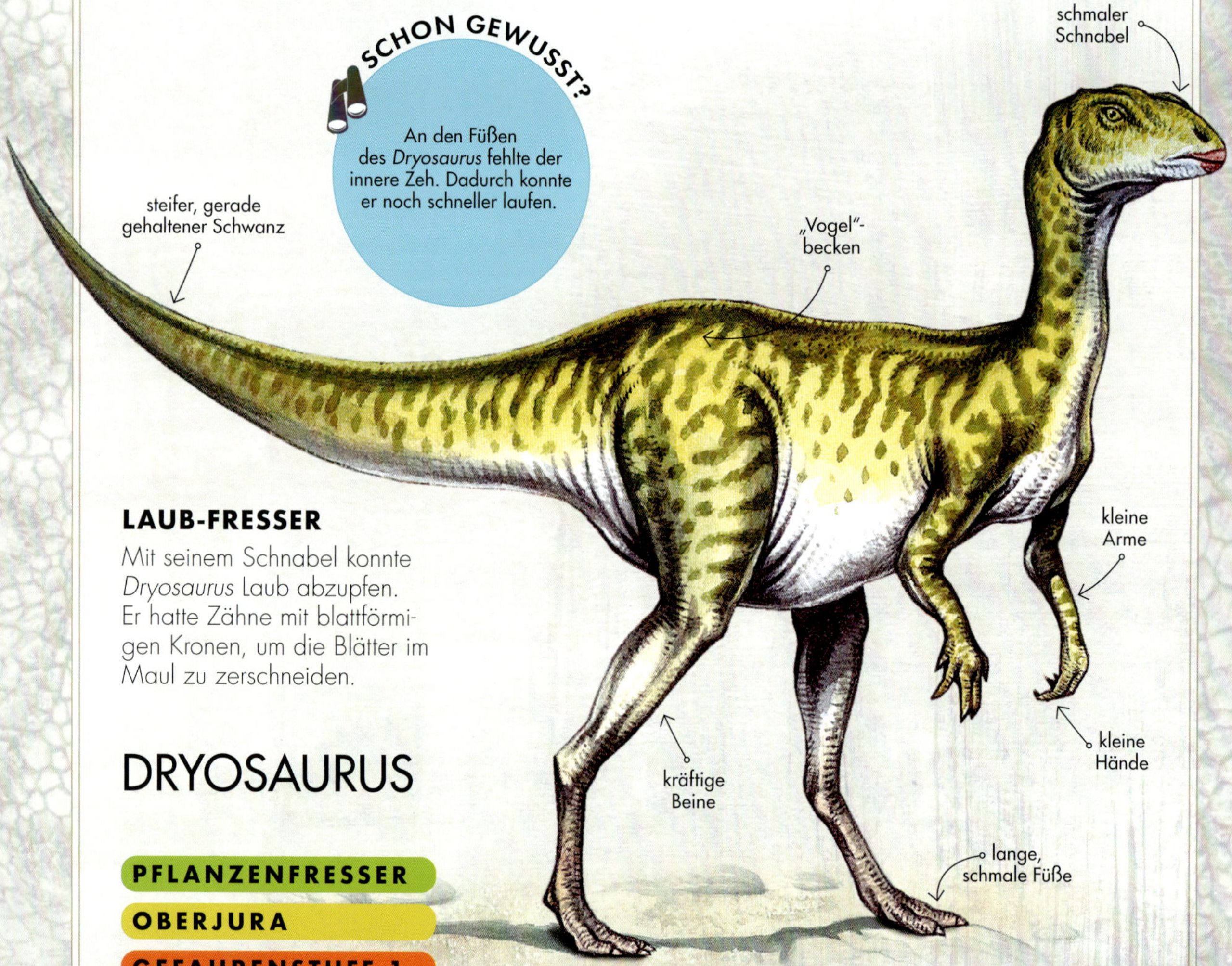

LAUB-FRESSER

Mit seinem Schnabel konnte *Dryosaurus* Laub abzupfen. Er hatte Zähne mit blattförmigen Kronen, um die Blätter im Maul zu zerschneiden.

DRYOSAURUS

PFLANZENFRESSER
OBERJURA
GEFAHRENSTUFE 1

Länge: 2–3 m
Nahrung: Laub
Gruppe: Ornithopoda
Familie: Dryosauridae

In Tansania (Ostafrika) wurde ein Fossil gefunden, das *Dryosaurus* sehr ähnelte. Weitere Untersuchungen zeigten aber, dass es sich hierbei um eine andere Art handelte.

EDMONTONIA

Entdeckt in: Kanada, USA
Lebensraum: Waldgebiete
Wann: vor 76–74 Millionen Jahren
Name bedeutet: Edmonton Foundation
Besonderheit: gut geschützt

SCHON GEWUSST?

Trotz seiner Körpergröße hatte *Edmontonia* winzige Zähne. Sie waren nicht größer als die Zähne eines menschlichen Babys.

KOPFPLATTEN

Ineinandergreifende Knochenplatten schützten Gehirn, Augen und Nase.

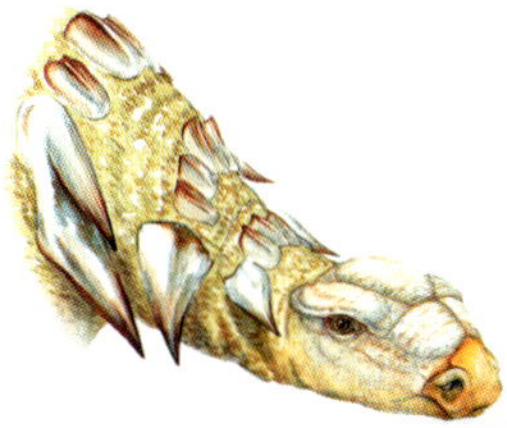

METHANFABRIK

Edmontonia hatte eine schmale Schnauze zum Pflücken seiner Lieblingspflanzennahrung. Mit seiner beweglichen Zunge konnte er die Nahrung gut zerdrücken, bevor er sie schluckte. Die Verdauung in seinem Darm erzeugte viel Methan.

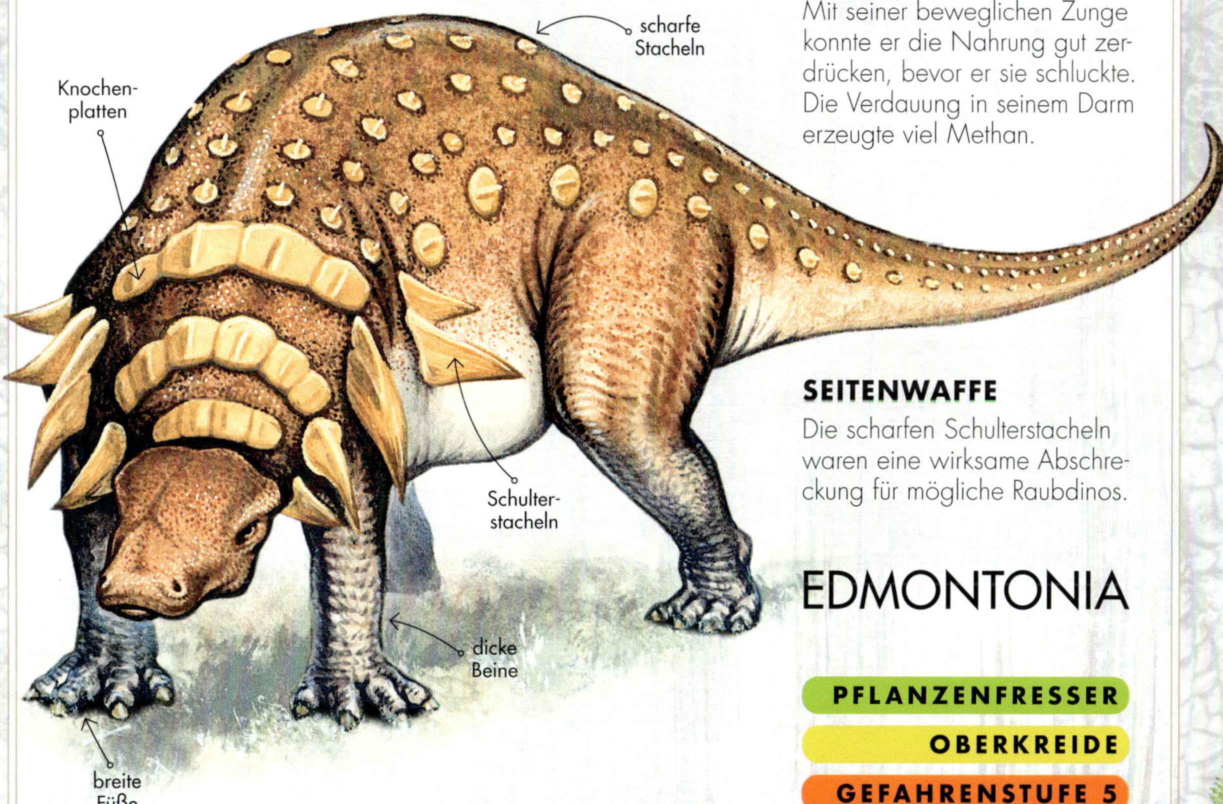

SEITENWAFFE

Die scharfen Schulterstacheln waren eine wirksame Abschreckung für mögliche Raubdinos.

PFLANZENFRESSER

OBERKREIDE

GEFAHRENSTUFE 5

Länge: bis zu 7 m
Nahrung: Pflanzen
Gruppe: Ankylosauria
Familie: Nodosauridae

Der Bauch von *Edmontonia* war die verwundbarste Stelle. Wenn er bedroht wurde, schützte er seinen Bauch wahrscheinlich, indem er sich auf den Boden duckte.

EDMONTOSAURUS

Entdeckt in: USA, Kanada
Lebensraum: Küstenebenen
Wann: vor 76–65 Millionen Jahren
Name bedeutet: Echse aus Edmonton
Besonderheit: gefährlich, wenn provoziert

PFLANZENFRESSER
OBERKREIDE
GEFAHRENSTUFE 2

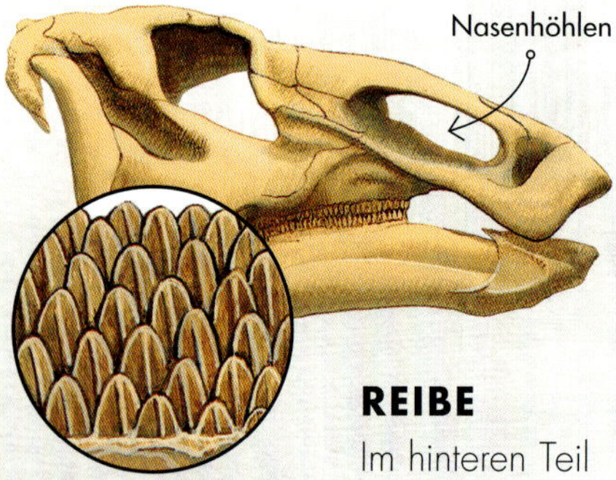

SCHNABEL UND ZÄHNE

Edmontosaurus war ein kammloser Dinosaurier mit Entenschnabel. Er hatte mehr als 720 ineinandergreifende, rautenförmige Zähne. Sie wurden ständig ersetzt, wenn sie abgenutzt waren.

REIBE

Im hinteren Teil des Dinosauriermauls wirkten winzige Zähne in engen Reihen wie eine Käsereibe.

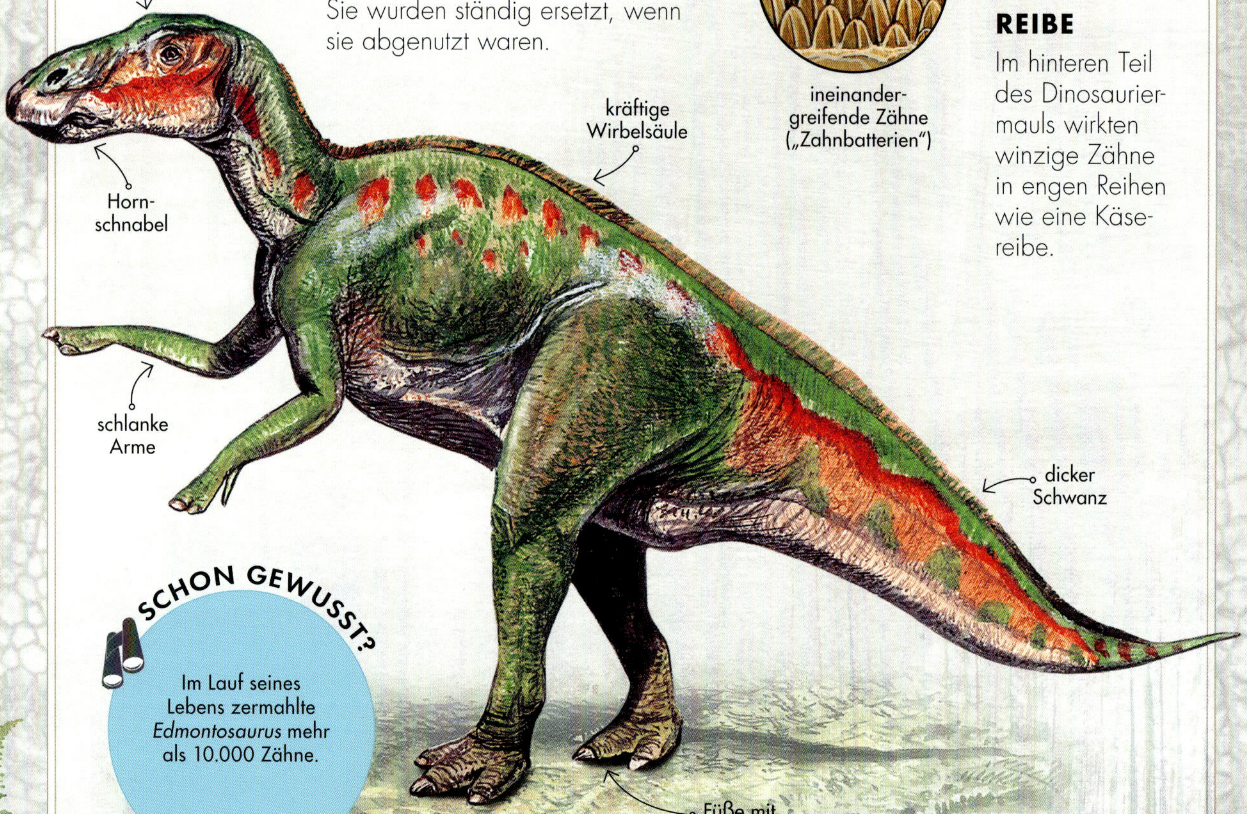

SCHON GEWUSST?

Im Lauf seines Lebens zermahlte *Edmontosaurus* mehr als 10.000 Zähne.

Länge: etwa 12 m
Nahrung: Pflanzen
Gruppe: Ornithopoda
Familie: Hadrosauridae

Von *Edmontosaurus* wurden viele Fossilien gefunden. Eines zeigte, dass der Dino durch den Angriff eines *Tyrannosaurus rex* ums Leben gekommen war.

Entdeckt in: USA
Lebensraum: Waldgebiete
Wann: vor 84–71 Millionen Jahren
Name bedeutet: Büffelechse
Besonderheit: Vorsicht vor den Hörnern

HERDENTIER

Wie der Büffel, nach dem er benannt wurde, lebte *Einiosaurus* in Herden. Er war jedoch viel langsamer als ein Büffel und zu schwer zum Rennen. Sein nach unten gerichtetes Nasenhorn diente zur Verteidigung und zum Beeindrucken.

SCHON GEWUSST?

Die nach hinten weisenden Stacheln auf dem Nackenschild des Dinosauriers waren für die Verteidigung unbrauchbar. Sie dienten wohl nur zum Imponieren.

EINIOSAURUS

PFLANZENFRESSER
OBERKREIDE
GEFAHRENSTUFE 3

GUTER GRASER

Einiosaurus hatte kräftige Zähne, mit denen er eine Vielzahl von Pflanzen abrupfen konnte.

Länge: 6 m
Nahrung: Pflanzen
Gruppe: Ceratopsia
Familie: Ceratopsidae

Von *Einiosaurus* wurden Fossilien ganzer Herden gefunden. Die Dinosaurier waren alle gleichzeitig bei einer katastrophalen Flut oder Dürre gestorben.

DICKSCHÄDEL

Dieser Theropode hatte eine markante, knochige Augenbraue, und seine Schädeldecke bestand aus dickem Knochen. Vielleicht stießen die Dinos in der Paarungszeit die Köpfe aneinander.

Entdeckt in: Niger
Lebensraum: lichte Wälder
Wann: vor 112 Millionen Jahren
Name bedeutet: Morgendämmerungshai
Besonderheit: dicker Schädel

SCHON GEWUSST?

Die knöchernen Höcker über den Augen waren möglicherweise hell gefärbt, um potenzielle Partner zu beeindrucken.

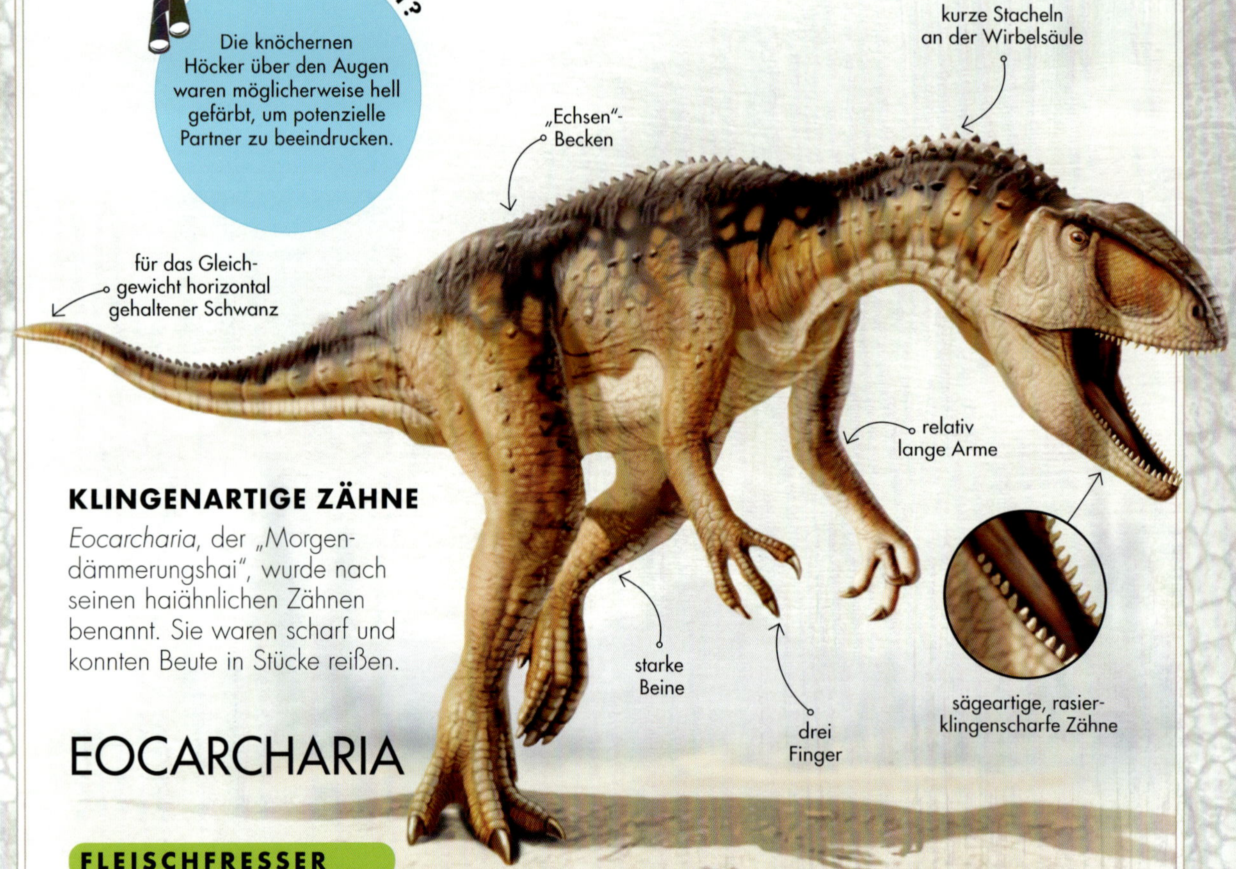

KLINGENARTIGE ZÄHNE

Eocarcharia, der „Morgendämmerungshai", wurde nach seinen haiähnlichen Zähnen benannt. Sie waren scharf und konnten Beute in Stücke reißen.

EOCARCHARIA

FLEISCHFRESSER

UNTERKREIDE

GEFAHRENSTUFE 4

Länge: 6–8 m
Nahrung: Fleisch
Gruppe: Theropoda
Familie: Carcharodontosauridae

Eocarcharia wurde nur durch Fossilien von Kopf und Zähnen bekannt. Über den Rest seines geschätzt bis zu 12 m hohen Körpers weiß man wenig.

EOCURSOR

Entdeckt in: Südafrika
Lebensraum: Waldgebiete
Wann: vor 195 Millionen Jahren
Name bedeutet: Läufer der Morgendämmerung
Besonderheit: klein und schnell

ALLESFRESSER

UNTERJURA

GEFAHRENSTUFE 1

SCHON GEWUSST?

Eocursor hatte lange Hände und scharfe Krallen, mit denen er Pflanzen und kleine Beutetiere greifen konnte.

SCHNELLER ALLESFRESSER

Eocursor war ein kleiner, zweibeiniger Allesfresser. Seine blattförmigen Zähne ähnelten denen heutiger Leguane – geeignet, um sich sowohl von Pflanzen als auch von Insekten zu ernähren. Sein Schienbein war länger als sein Oberschenkelknochen. Man vermutet, dass Geschwindigkeit seine beste Verteidigung war.

FRÜHER ORNITHISCHIER

Er ist einer der primitivsten Vogelbeckendinosaurier. Möglicherweise war er ein Vorfahr von *Triceratops* und *Iguanodon*.

Länge: 1 m
Nahrung: Pflanzen, Insekten
Gruppe: Ornithischia
Familie: unklar

Eocursor wurde bekannt durch eines der vollständigsten Fossilien von frühen Vogelbeckendinosauriern. Es bestand aus einem gut erhaltenen Schädel, Rückgrat, Becken, Armen und Beinen.

EORAPTOR

FLEISCHFRESSER

OBERTRIAS

GEFAHRENSTUFE 1

Entdeckt in: Argentinien
Lebensraum: Wälder
Wann: vor 232–228 Millionen Jahren
Name bedeutet: Jäger der Morgenröte
Besonderheit: wild für seine Größe

SCHON GEWUSST?

Mit seinen großen, greifenden Armen konnte dieser flinke Jäger möglicherweise Beute fangen, die fast so groß war wie er selbst.

ERSTER DINOSAURIER?

Dieser hundegroße Räuber war vielleicht der primitivste aller bekannten Dinosaurier. Manche Wissenschaftler sehen in ihm den ersten Theropoden. Er könnte aber auch ein Vorfahr der pflanzenfressenden Sauropoden gewesen sein.

KRALLENHÄNDE

Eoraptors Arme hatten lange Hände mit fünf Fingern, drei davon waren mit großen Krallen zum Greifen der Beute ausgestattet.

Länge: 1 m
Nahrung: Fleisch
Gruppe: Saurischia
Familie: unklar

Eoraptor-Fossilien wurden in Argentinien neben Fossilien von vielen anderen Tieren entdeckt. Zu ihren Lebzeiten waren Dinos gegenüber anderen vierbeinigen Tieren in der Minderheit.

EOTYRANNUS

Entdeckt in: Großbritannien
Lebensraum: lichte Wälder
Wann: vor 127–121 Millionen Jahren
Name bedeutet: Tyrann der Morgenröte
Besonderheit: Kiefer und Krallen

FLEISCHFRESSER
UNTERKREIDE
GEFAHRENSTUFE 5

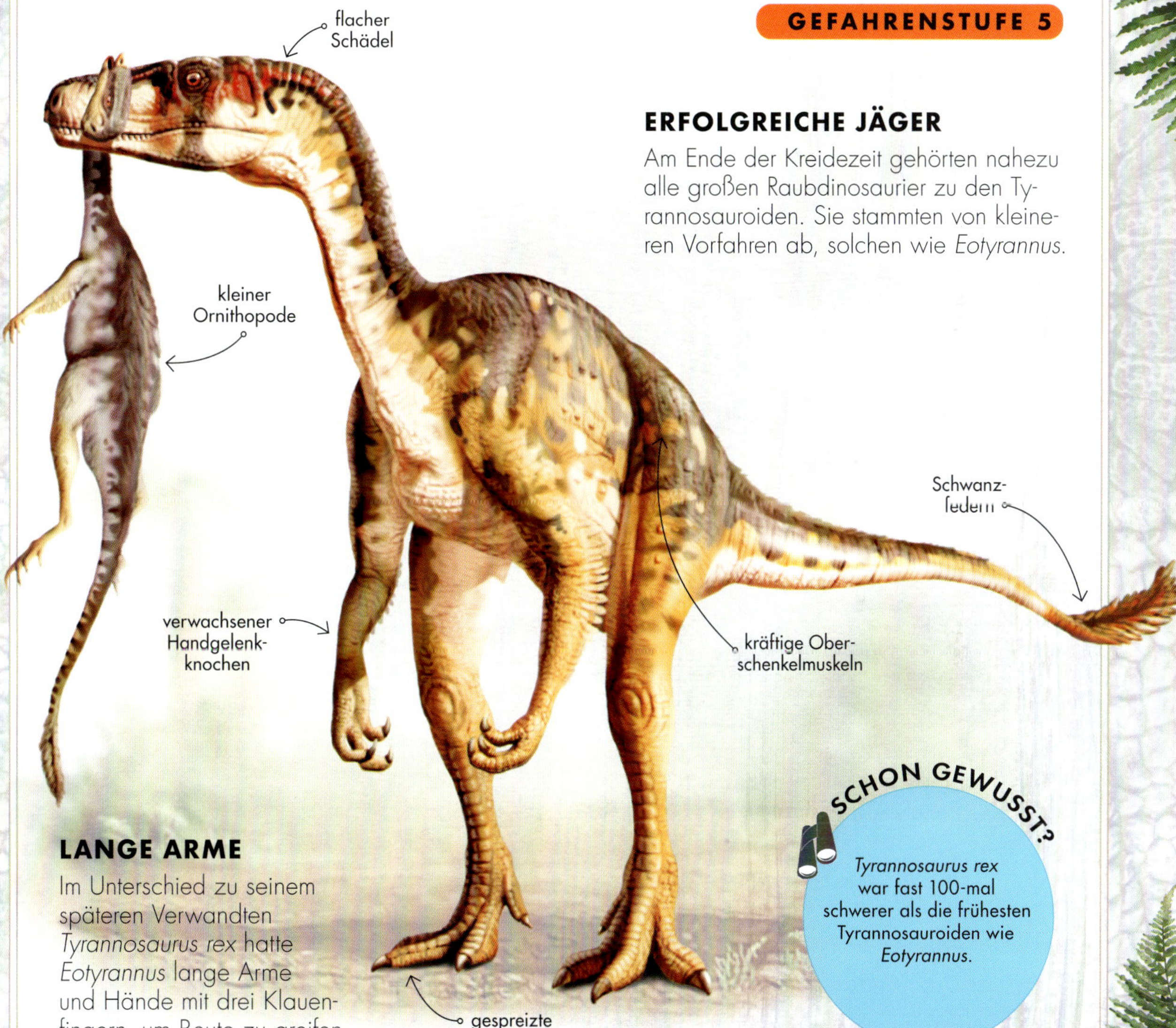

ERFOLGREICHE JÄGER

Am Ende der Kreidezeit gehörten nahezu alle großen Raubdinosaurier zu den Tyrannosauroiden. Sie stammten von kleineren Vorfahren ab, solchen wie *Eotyrannus*.

LANGE ARME

Im Unterschied zu seinem späteren Verwandten *Tyrannosaurus rex* hatte *Eotyrannus* lange Arme und Hände mit drei Klauenfingern, um Beute zu greifen.

SCHON GEWUSST?

Tyrannosaurus rex war fast 100-mal schwerer als die frühesten Tyrannosauroiden wie *Eotyrannus*.

Länge: bis zu 4 m
Nahrung: Fleisch
Gruppe: Theropoda
Familie: Stokesauridae

Eotyrannus hatte, wie heutige Vögel, hohle Knochen. Dadurch war er leicht und schnell.

PFLANZENKÄUER

Dieser pflanzenfressende Dinosaurier stand in der Entwicklung zwischen einem Iguanodonten wie *Iguanodon* und den Entenschnabel-Hadrosauriern der Oberkreide. Wie spätere Hadrosaurier hatte *Equijubus* bereits mehr als eine Zahnreihe, um seine Nahrung zu zermahlen.

Entdeckt in: China
Lebensraum: Waldgebiete
Wann: vor 127–99 Millionen Jahren
Name bedeutet: Pferdemähne
Besonderheit: gefährlicher Schwanz

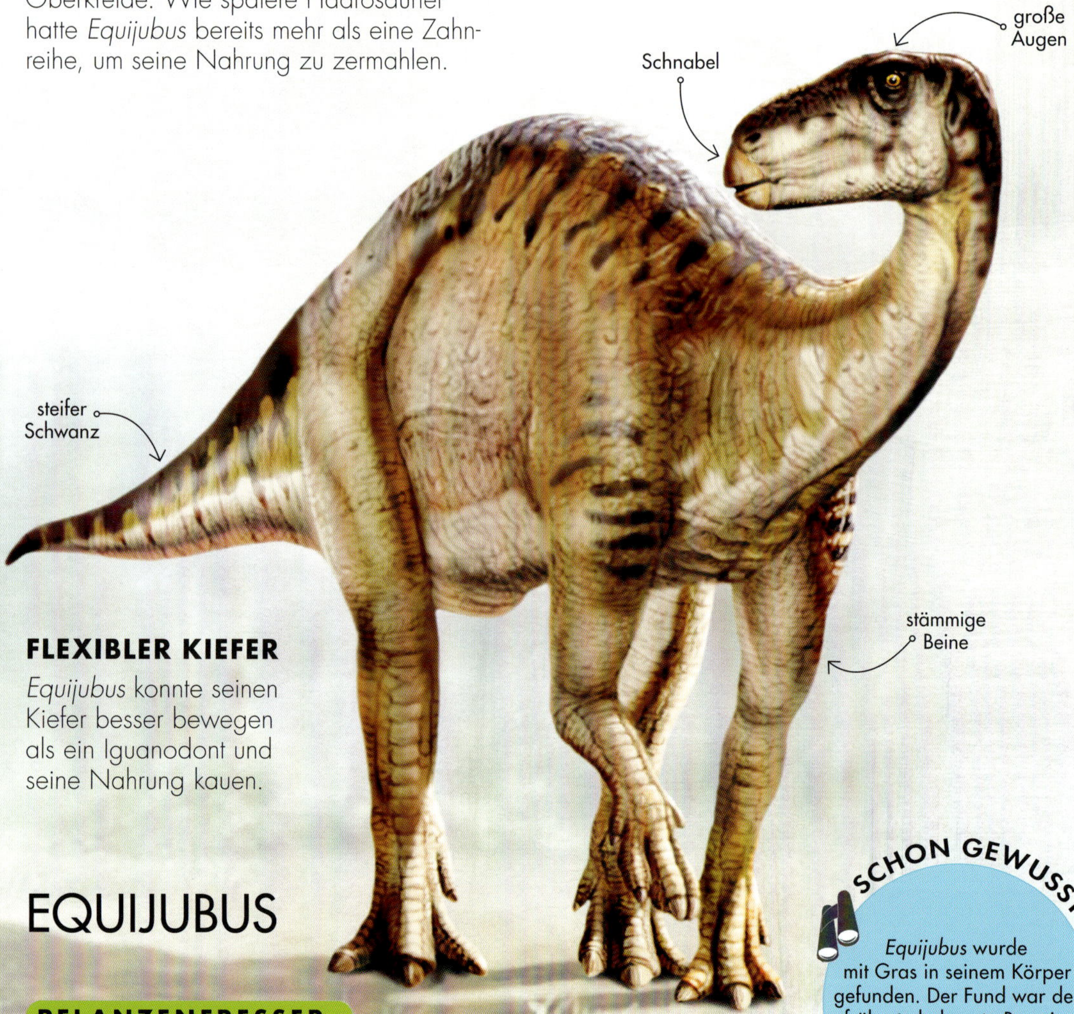

FLEXIBLER KIEFER

Equijubus konnte seinen Kiefer besser bewegen als ein Iguanodont und seine Nahrung kauen.

EQUIJUBUS

PFLANZENFRESSER

UNTERKREIDE

GEFAHRENSTUFE 2

SCHON GEWUSST?

Equijubus wurde mit Gras in seinem Körper gefunden. Der Fund war der früheste bekannte Beweis, dass Dinosaurier Gras gefressen haben.

Länge: 7–8 m
Nahrung: Pflanzen
Gruppe: Ornithopoda
Familie: unklar

Equijubus wurde bekannt durch einen fossilen Schädel, der in der Wüste Gobi gefunden wurde. Seine Entdeckung zeigte, dass sich die Hadrosaurier zuerst in Asien entwickelten.

ERKETU

Entdeckt in: Mongolei
Lebensraum: Wald
Wann: vor 120 Millionen Jahren
Name bedeutet: mächtige Gottheit
Besonderheit: riesige Größe

PFLANZENFRESSER
UNTERKREIDE
GEFAHRENSTUFE 3

AUFGEHÄNGTER HALS

Erketus' schwerer Körper bildete das Gegengewicht zu seinem Hals. Die Muskeln zwischen den Wirbeln hielten den Hals – nach diesem Prinzip funktionieren auch heutige Hängebrücken.

ERYTHROVENATOR

Entdeckt in: Brasilien
Lebensraum: Flussdeltas
Wann: vor 228 Millionen Jahren
Name bedeutet: roter Jäger
Besonderheit: schnell

FLEISCHFRESSER
OBERTRIAS
GEFAHRENSTUFE 4

EINSAMER JÄGER

Erythrovenator jagte allein und nutzte seine scharfen Zähne und Klauen, um säugetierähnliche Reptilien namens Cynodonten zu erbeuten. Dieser Dinosaurier fraß nicht nur kleine Tiere, sondern auch größere Kadaver. Er war einer der ältesten, bekannten Theropoden und könnte der Großvater von *T. rex* gewesen sein!

Länge: 21 m
Nahrung: Blätter
Gruppe: Sauropodomorpha
Familie: unklar

Länge: 1,8 m
Nahrung: Fleisch
Gruppe: Theropoda
Familie: unklar

EUOPLOCEPHALUS

PFLANZENFRESSER

OBERKREIDE

GEFAHRENSTUFE 4

Entdeckt in: USA, Kanada
Lebensraum: Waldgebiete
Wann: vor 76–67 Millionen Jahren
Name bedeutet: gut-bepanzerter Kopf
Besonderheit: riesige Schwanzkeule

SCHON GEWUSST?

Euoplocephalus war vermutlich in der Lage, niederfrequente Töne zu hören. Seine Nasenlöcher konnten auch Geräusche machen.

SCHWERE RÜSTUNG

Euoplocephalus war ein schwer gepanzerter Dinosaurier. Wenn er umzingelt wurde, ließ er sich wahrscheinlich einfach zu Boden fallen. So war von ihm nur seine bissfeste Panzerung zu sehen, die seinen weichen Unterleib vor Angriffen schützte.

GEFÄHRLICHE KEULE

Die doppelköpfige Keule am Ende seines langen, versteiften Schwanzes war für Angreifer gefährlich.

Länge: 6–7 m
Nahrung: Triebe, Wurzeln
Gruppe: Ornithischia
Familie: Ankylosauridae

Bei den Panzerplatten am Kopf von *Euoplocephalus* handelte es sich um Auswüchse der Schädelknochen. Die Augen waren durch Knochenscheiben in den Augenlidern geschützt.

Entdeckt in: Deutschland
Lebensraum: Waldgebiete
Wann: vor 155–151 Millionen Jahren
Name bedeutet: Echse aus Europa
Besonderheit: Größe eines kleinen Elefanten

EUROPASAURUS

PFLANZENFRESSER
OBERJURA
GEFAHRENSTUFE 2

ZWERGSAUROPODE

Europasaurus war eine verzwergte Art. Zwergwuchs entsteht, wenn Tiere auf Inseln isoliert werden, wo ihr Nahrungsangebot begrenzt ist. Während des späten Jura bestand Europa aus mehreren Inseln der Größe Großbritanniens. Die Vorfahren von *Europasaurus* strandeten auf einer dieser Inseln und entwickelten sich zu diesem kleinen Sauropoden.

SCHON GEWUSST?

Europasaurus glich in seiner Form *Brachiosaurus* – aber *Brachiosaurus* war mehr als 100-mal so schwer!

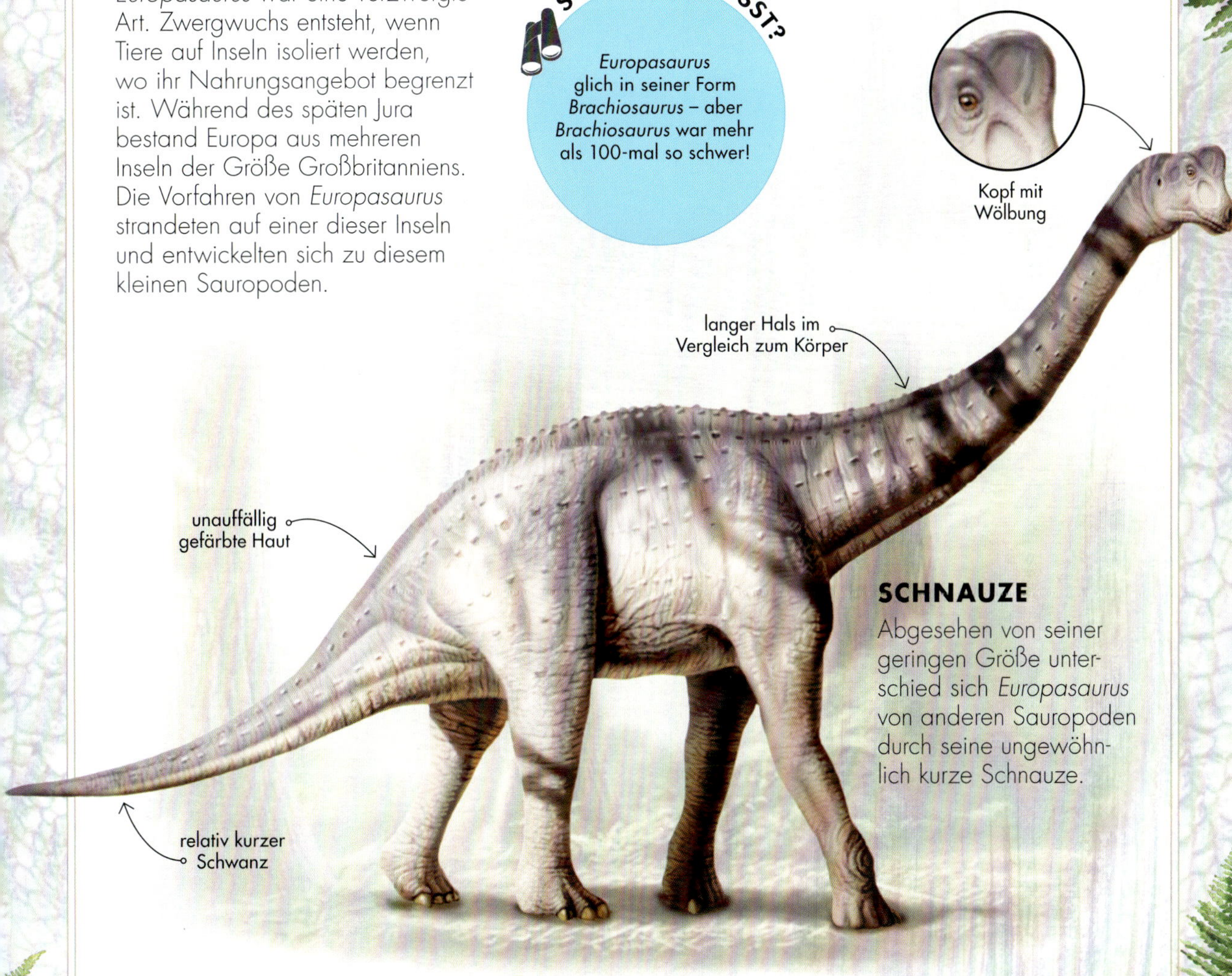

SCHNAUZE

Abgesehen von seiner geringen Größe unterschied sich *Europasaurus* von anderen Sauropoden durch seine ungewöhnlich kurze Schnauze.

Länge: 6–7 m
Nahrung: Pflanzen
Gruppe: Sauropodomorpha
Familie: Brachiosauridae

Von *Europasaurus* wurden die Überreste von elf Exemplaren gefunden, deren Größe vom 1 m langen Jungtier bis zu 6 m langen, erwachsenen Tieren reichte.

SCHON GEWUSST?

Euskelosaurus war der erste Dinosaurier, der jemals in Afrika entdeckt wurde. Er gehörte zu den größten Tieren seiner Zeit.

Entdeckt in: Südafrika, Simbabwe, Lesotho
Lebensraum: Wälder und Ebenen
Wann: vor 227–210 Millionen Jahren
Name bedeutet: echtgliedrige Echse
Besonderheit: aggressives Verhalten

GROSSER PROSAUROPODE

Euskelosaurus war einer der größten und schwersten Prosauropoden. Er war eng mit *Plateosaurus*, dem ersten riesigen Sauropoden, verwandt. Da die Zähne von *Euskelosaurus* sowohl Fleisch als auch Pflanzen verarbeiten konnten, war dieser Dinosaurier vermutlich ein Allesfresser.

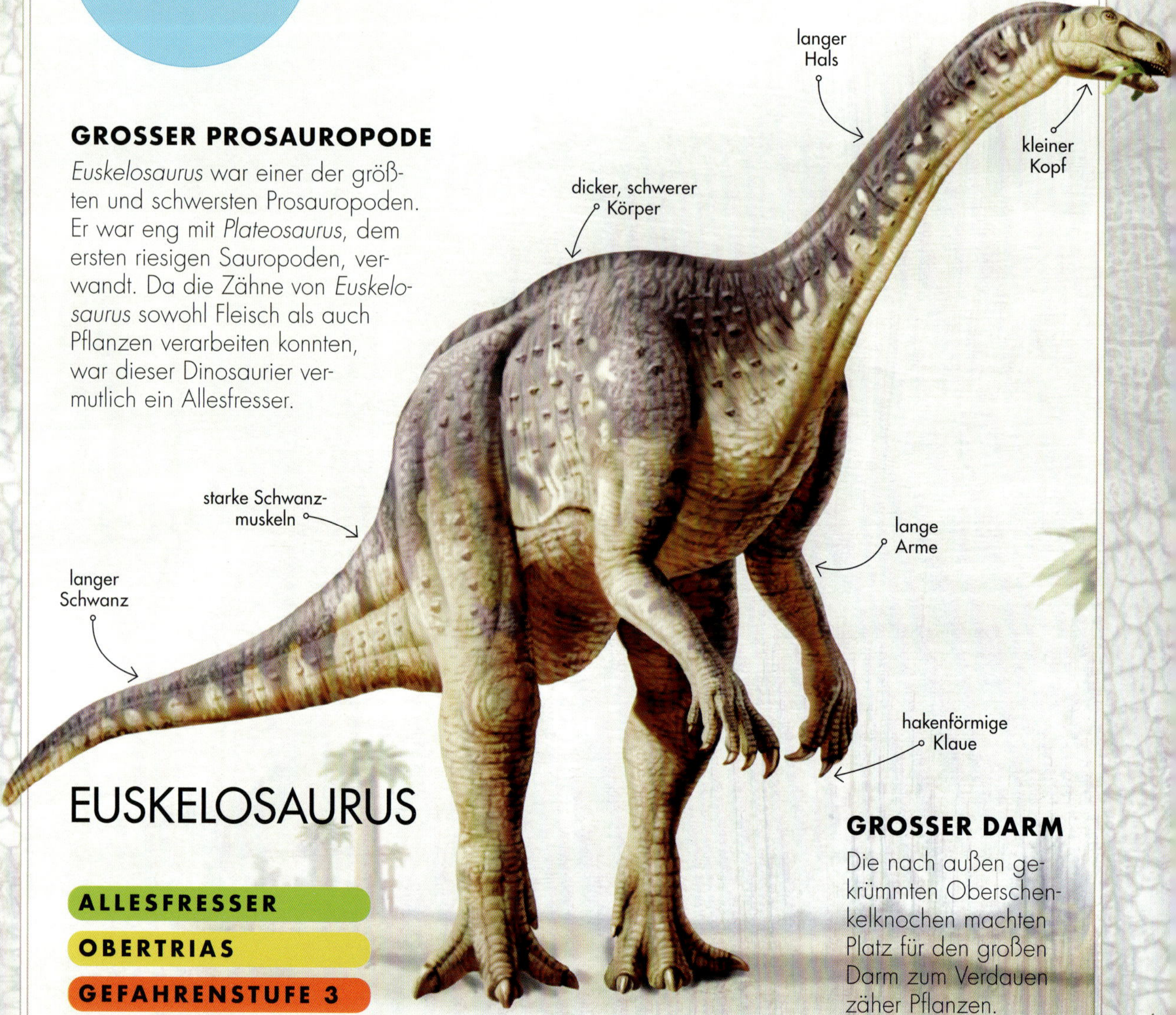

EUSKELOSAURUS

ALLESFRESSER
OBERTRIAS
GEFAHRENSTUFE 3

GROSSER DARM

Die nach außen gekrümmten Oberschenkelknochen machten Platz für den großen Darm zum Verdauen zäher Pflanzen.

Länge: bis 11 m
Nahrung: Pflanzen, vielleicht Fleisch
Gruppe: Sauropodomorpha
Familie: Plateosauridae

Prosauropoden wie *Euskelosaurus* waren in den Wäldern des südlichen Afrikas verbreitet. In dieser Region wurden viele Fossilien gefunden.

Entdeckt in: England
Lebensraum: in Küstennähe
Wann: vor 165–161 Millionen Jahren
Name bedeutet: gut gebogener Wirbel
Besonderheit: guter Schwimmer

EUSTREPTOSPONDYLUS

FLEISCHFRESSER

MITTELJURA

GEFAHRENSTUFE 3

UFERJÄGER

Eustreptospondylus hatte einen schmalen, krokodilähnlichen Kiefer – und entfernte sich wie Krokodile nie weit vom Wasser. Er jagte entlang der Küste, plünderte und suchte nach Meereslebewesen wie Fischen und Schildkröten.

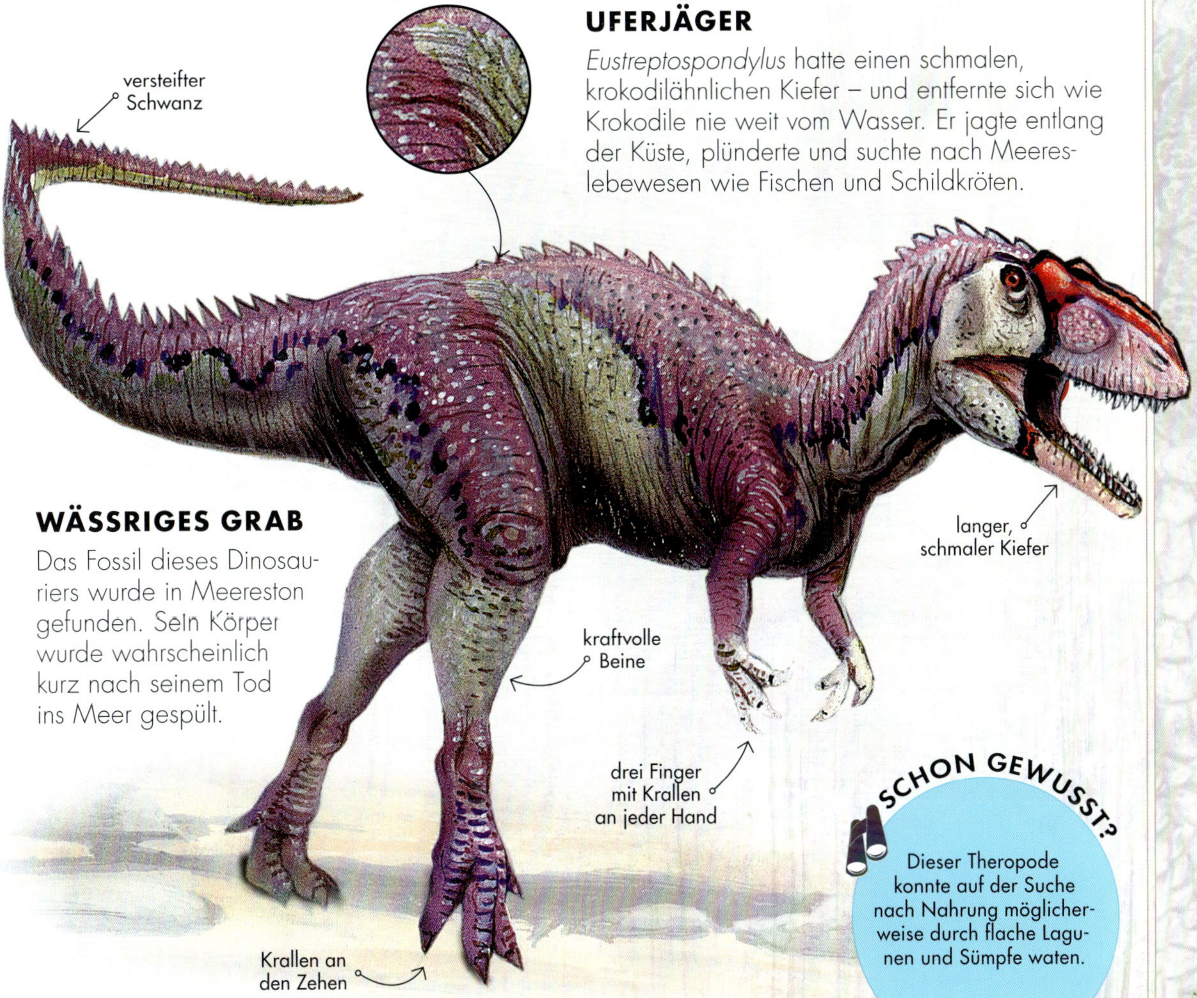

WÄSSRIGES GRAB

Das Fossil dieses Dinosauriers wurde in Meereston gefunden. Sein Körper wurde wahrscheinlich kurz nach seinem Tod ins Meer gespült.

SCHON GEWUSST?

Dieser Theropode konnte auf der Suche nach Nahrung möglicherweise durch flache Lagunen und Sümpfe waten.

Länge: 4–6 m
Nahrung: Meerestiere
Gruppe: Theropoda
Familie: Megalosauridae

Eustreptospondylus wurde bekannt durch ein einzelnes jugendliches Exemplar. Die erwachsenen Dinosaurier könnten erheblich größer gewesen sein.

FALCARIUS

Entdeckt in: USA
Lebensraum: Waldgebiete
Wann: vor 128 Millionen Jahren
Name bedeutet: Sichelschneider
Besonderheit: lange Klauen

ALLESFRESSER

UNTERKREIDE

GEFAHRENSTUFE 2

SCHWER UND LANGSAM

Falcarius bewegte sich langsam. Angreifer bekämpfte er eher, statt wegzulaufen.

PFLANZEN- ODER FLEISCHFRESSER?

Falcarius war ein früher Therizinosaurier. Diese seltsame Gruppe von Pflanzenfressern hatte sich aus den fleischfressenden Theropoden entwickelt und kombinierte Merkmale beider Gruppen. *Falcarius* hatte die blattförmigen Zähne und den langen Hals eines Pflanzenfressers. Einem Fleischfresser ähnelten hingegen seine langen Krallen und das Laufen auf zwei Beinen.

SCHON GEWUSST?

Die vorderen fünf Zähne waren viel länger, gerader und schärfer als die anderen und wurden wahrscheinlich benutzt, um Beute wie Eidechsen zu fangen.

Länge: 4 m
Nahrung: Pflanzen, vielleicht Fleisch
Gruppe: Theropoda
Familie: unklar

Seit 1999 wurden fast 3.000 Exemplare von *Falcarius* an einem Ort in der Cedar Mountain Formation in Utah (USA) entdeckt.

FUKUIRAPTOR

Entdeckt in: Japan
Lebensraum: Wälder und Ebenen
Wann: vor 128 Millionen Jahren
Name bedeutet: Räuber aus Fukui
Besonderheit: schnell und wendig

FLEISCHFRESSER
UNTERKREIDE
GEFAHRENSTUFE 4

NACHZÜGLER

Dieser Räuber aus der Kreidezeit war mit Dinos verwandt, die vor allem im Jura lebten.

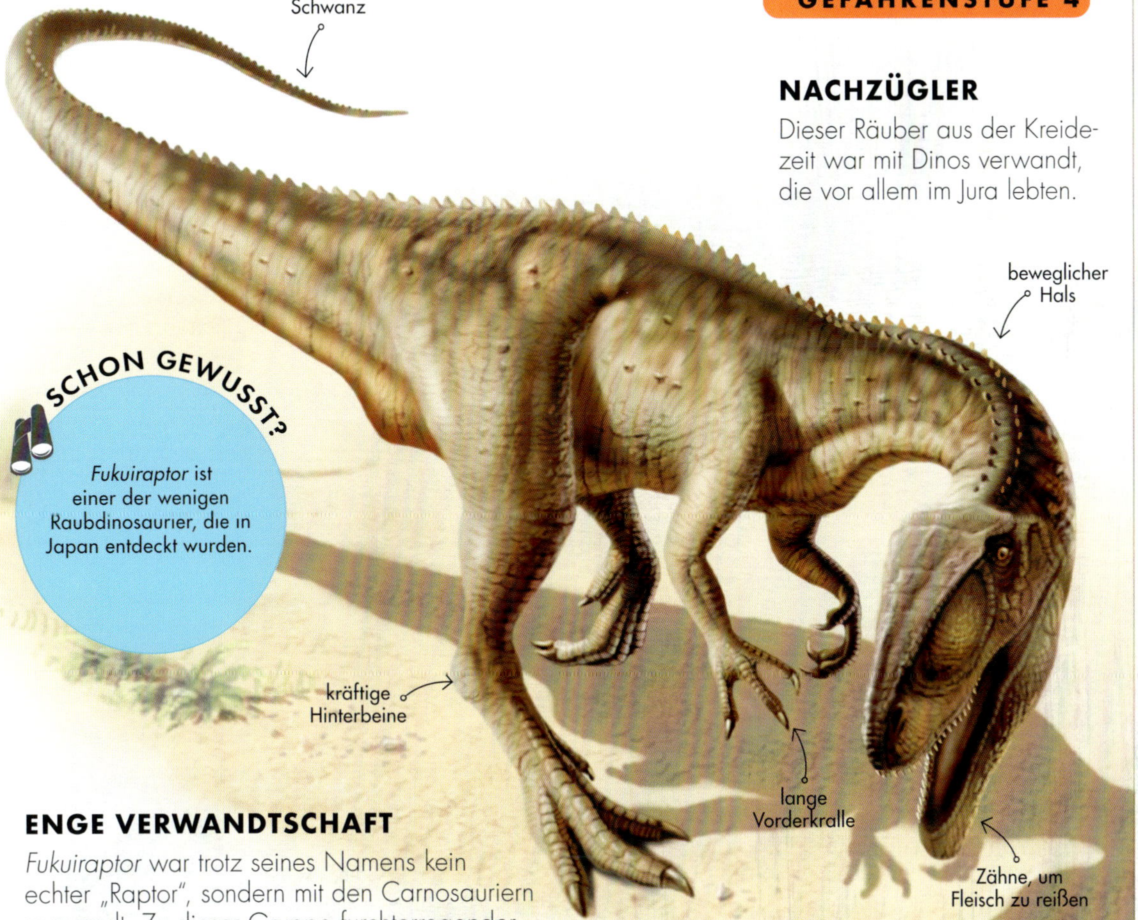

SCHON GEWUSST?

Fukuiraptor ist einer der wenigen Raubdinosaurier, die in Japan entdeckt wurden.

ENGE VERWANDTSCHAFT

Fukuiraptor war trotz seines Namens kein echter „Raptor", sondern mit den Carnosauriern verwandt. Zu dieser Gruppe furchterregender, zweifüßiger Fleischfresser gehörte *Allosaurus*. Der im heutigen Japan lebende *Fukuiraptor* war ein sich schnell bewegender Raubdino, der seine Klauen und Zähne benutzte, um seine Beute anzugreifen. Er wog bis zu 450 kg.

Länge: 5 m
Nahrung: Fleisch
Gruppe: Theropoda
Familie: Neovenatoridae

Die einzigen bekannten Exemplare von *Fukuiraptor* sind recht klein. Man vermutet, dass es sich dabei um die Fossilien von Jungtieren handelt und die erwachsenen Tiere möglicherweise viel größer waren.

FUKUISAURUS

PFLANZENFRESSER
UNTERKREIDE
GEFAHRENSTUFE 2

Entdeckt in: Japan
Lebensraum: Wälder und Ebenen
Wann: vor 128 Millionen Jahren
Name bedeutet: Fukui-Echse
Besonderheit: groß und ungeschickt

SANFTER RIESE

Fukuisaurus war ein Ornithopode, eine der häufigsten Dinosaurierarten in der frühen Kreidezeit. Obwohl er bis zu 5 m lang wurde und etwa 400 kg wog, war er ein sanfter Riese, der sich nur von Pflanzen ernährte.

SCHON GEWUSST?

Der Kiefer des Dinosauriers war nicht sehr beweglich. Tatsächlich konnte er seine Kiefer zum Kauen nicht seitwärts bewegen.

VIER ODER ZWEI

Fukuisaurus konnte auf vier oder zwei Beinen stehen. Dadurch war er in der Lage, Blätter von hoch oben abzuweiden.

Länge: 5 m
Nahrung: Pflanzen
Gruppe: Ornithopoda
Familie: Hadrosauridae

Fukuisaurus wurde durch nur wenige Schädelstücke bekannt. Forschende glauben jedoch, dass sein Körper dem von *Iguanodon* sehr ähnlich war.

Entdeckt in: Argentinien
Lebensraum: tropische Ebenen
Wann: vor 87 Millionen Jahren
Name bedeutet: Häuptlingsechse
Besonderheit: enorme Größe

SCHON GEWUSST?

Futalognkosaurus hatte einen gewaltigen Hals mit 14 riesigen Wirbeln.

DER LETZTE DER TITANEN

Futalognkosaurus war ein Titanosaurier, die letzte große Gruppe der Sauropoden. Sein breiter, dicker Körper bildete das Gegengewicht zu seinem langen Hals, den er hochreckte, um an hohen Bäumen zu weiden.

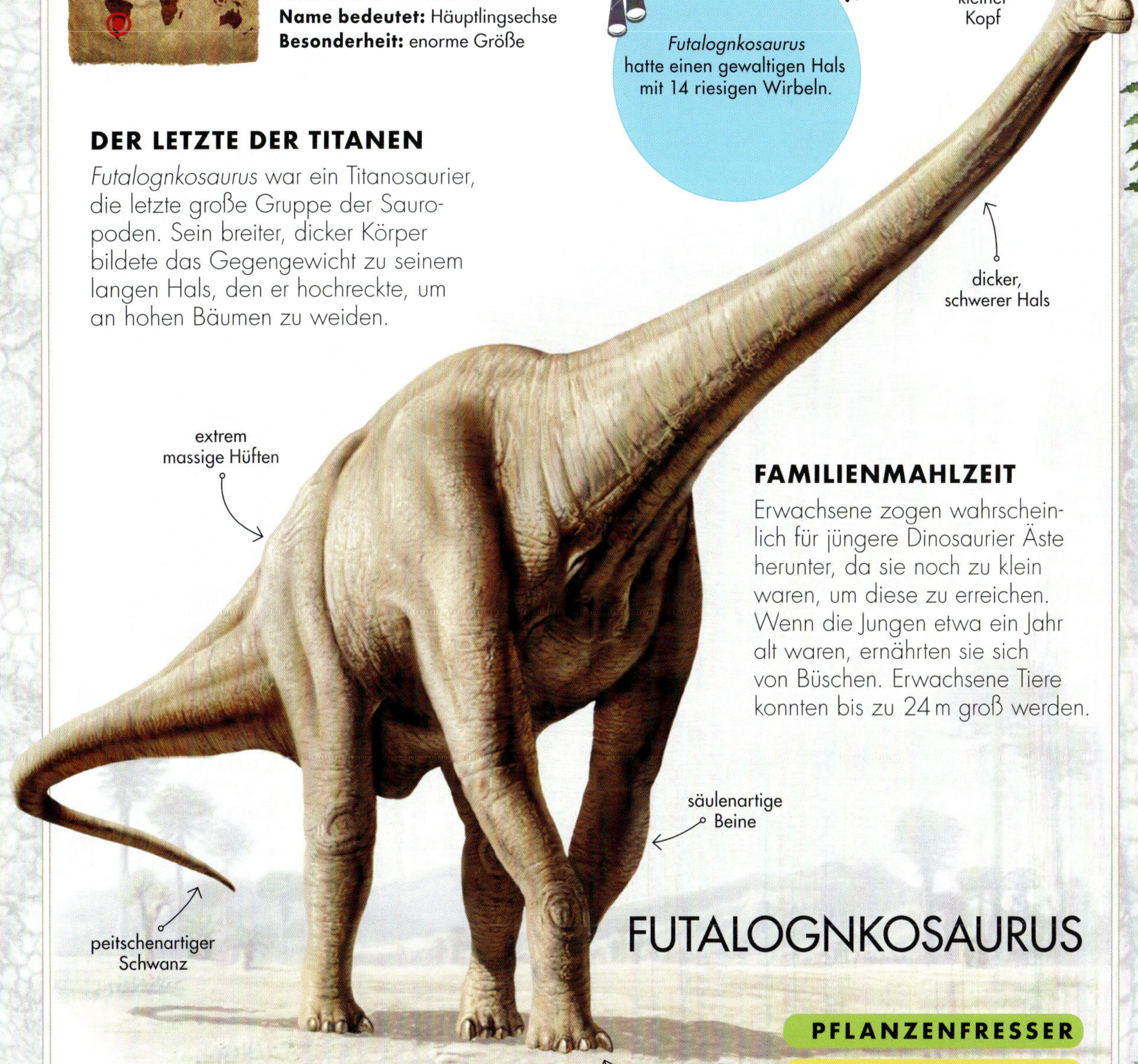

FAMILIENMAHLZEIT

Erwachsene zogen wahrscheinlich für jüngere Dinosaurier Äste herunter, da sie noch zu klein waren, um diese zu erreichen. Wenn die Jungen etwa ein Jahr alt waren, ernährten sie sich von Büschen. Erwachsene Tiere konnten bis zu 24 m groß werden.

FUTALOGNKOSAURUS

PFLANZENFRESSER
OBERKREIDE
GEFAHRENSTUFE 3

Länge: 24 m
Nahrung: Pflanzen
Gruppe: Sauropodomorpha
Familie: Titanosauridae

Von *Futalognkosaurus* wurden rund 70 Prozent aller Knochen gefunden. Zusammen ergeben sie das vollständigste Skelett aller Riesendinosaurier.

GALLIMIMUS

Entdeckt in: Mongolei
Lebensraum: Flusstäler
Wann: vor 74–70 Millionen Jahren
Name bedeutet: Hühnernachahmer
Besonderheit: sehr schneller Läufer

ALLESFRESSER
OBERKREIDE
GEFAHRENSTUFE 3

SCHON GEWUSST?

Gallimimus hatte große Augen, vielleicht um nachts zu jagen. Sein Blickwinkel war weit, aber das räumliche Sehen fiel ihm vermutlich schwer.

WENDIGER LÄUFER

Gallimimus rannte mit einer Geschwindigkeit von 48 km/h einem *Albertosaurus* davon. Er konnte schnell die Richtung ändern und ausweichen.

SCHNABEL

Gallimimus hatte einen schmalen Schnabel. Dieser war perfekt, um Futter wie Insekten, Kleintiere oder Eier zu schnappen, die er in einem Zug verschluckte.

SCHNELL UND GROSS

Dieser Theropode war etwa doppelt so hoch wie ein erwachsener Mensch. Er war einer der schnellsten Dinosaurier und konnte einen Tyrannosaurier überholen.

Länge: 6 m
Nahrung: Pflanzen, Insekten
Gruppe: Theropoda
Familie: Ornithomimidae

Gallimimus war mit über 3 m Höhe und 6 m Länge einer der größten Ornithomimiden.

Entdeckt in: USA
Lebensraum: Waldgebiete
Wann: vor 154–142 Millionen Jahren
Name bedeutet: Gargoyle-Echse
Besonderheit: gefährlicher Schwanz

SCHWERER PANZER

Er war einer der frühesten Ankylosaurier und einer von nur zweien, die bisher aus dem Jura bekannt sind. Er hatte eine dicke Knochenplatte über dem Becken, kurze Stacheln am Rücken und längere Stacheln an den Seiten. Sein Panzer ähnelte dem einer modernen Echse, wie zum Beispiel dem Dornteufel.

SCHON GEWUSST?

Gargoyleosaurus ernährte sich von niedrigen Pflanzen wie Farnen und war bis zu 1 t schwer.

GARGOYLEOSAURUS

STACHELN UND ZÄHNE

Entlang jeder Seite seines Körpers verlief ein Satz seitlich gerichteter Stacheln. Ungewöhnlicherweise hatte er im vorderen Teil seines Mauls sieben Zähne – die meisten Ankylosaurier hatten keine Zähne in ihrem schnabelartigen Maul.

PFLANZENFRESSER
OBERJURA
GEFAHRENSTUFE 2

Länge: 3–4 m
Nahrung: Pflanzen
Gruppe: Ankylosauria
Familie: Nodosauridae

Gargoyleosaurus wurde bekannt durch ein 1996 entdecktes, fast vollständiges Skelett und zwei weitere Teilskelette.

STACHELN UND PANZER

Gastonia hatte einen Beckenpanzer und große, spitze Stacheln auf dem Rücken. Kleine, seitwärts gerichtete Stacheln reichten bis zum Schwanz. Mit seiner Rüstung konnte er Raubdinosaurier wie *Utahraptor* abwehren, der in der gleichen Gegend lebte.

Entdeckt in: USA
Lebensraum: Wald
Wann: vor 125 Millionen Jahren
Name bedeutet: für (Robert) Gaston (Entdecker)
Besonderheit: mit scharfen Stacheln bedeckt

SCHON GEWUSST?

Um sie fressen zu können, mussten Raubdinosaurier Ankylosaurier umdrehen und ihre weichen Bäuche freilegen.

KEINE KEULE

Gastonia war einer der am stärksten gepanzerten Ankylosaurier, hatte aber keine Schwanzkeule.

GASTONIA

PFLANZENFRESSER
UNTERKREIDE
GEFAHRENSTUFE 3

Länge: 4–6 m
Nahrung: Pflanzen
Gruppe: Ankylosauria
Familie: Nodosauridae

Gastonia wurde im selben Steinbruch wie der furchterregende *Utahraptor* entdeckt, der wahrscheinlich einer seiner größten Fressfeinde war.

Entdeckt in: USA
Lebensraum: lichte Waldgebiete
Wann: vor 139–134 Millionen Jahren
Name bedeutet: Zwillingsgreifer
Besonderheit: scharfe Zähne

GEMINIRAPTOR

FLEISCHFRESSER
UNTERKREIDE
GEFAHRENSTUFE 2

GEFIEDER

Vogelähnliche Federn bedeckten die Arme und den Schwanz von *Geminiraptor*, während sein Körper mit Daunenfedern bestückt war. Durch diese Federn war es dem Dino wahrscheinlich möglich, während des Jagens die Körpertemperatur zu regulieren.

INSEKTENFRESSER

Geminiraptor hatte kleine Zähne und konnte von Insekten und sehr kleinen Tieren leben. Er war nicht sehr groß, aber immer noch größer als andere Troodontiden der frühen Kreidezeit, wie etwa *Sinovenator*.

SCHON GEWUSST?

Der Fundort von *Geminiraptor* wurde von zwei eineiigen Zwillingen entdeckt: Dr. Celina und Dr. Marina Suarez. „Gemini" bedeutet auf Lateinisch „Zwillinge".

Länge: 1,5 m
Nahrung: Fleisch
Gruppe: Theropoda
Familie: Troodontidae

Geminiraptor war der erste troodontische Dinosaurier, von dem bekannt wurde, dass er in der Unterkreide Nordamerikas gelebt hat.

GIGANOTOSAURUS

Entdeckt in: Argentinien
Lebensraum: Überschwemmungsgebiete
Wann: vor 112–90 Millionen Jahren
Name bedeutet: Riesenechse des Südens
Besonderheit: kraftvoller Jäger

FLEISCHFRESSER

OBERKREIDE

GEFAHRENSTUFE 5

SCHON GEWUSST?

Giganotosaurus war so groß, dass er sogar die riesigen Sauropoden erbeutete, die in der Oberkreide ebenfalls in Südamerika heimisch waren.

GEWALTIGER FLEISCHFRESSER

Giganotosaurus war einer der größten Theropoden, die jemals auf der Erde gelebt haben. Allein sein Schädel maß fast 2 m. Beim Wettbewerb um den Titel „größter Raubdinosaurier aller Zeiten" konkurriert dieser Dino mit einer Reihe anderer Theropoden.

RUDELJÄGER

Von *Giganotosaurus* wurden mehrere Skelette nahe beieinander gefunden. Daher wird angenommen, dass sich die Dinos in Gruppen bewegten und Jagdtechniken im Rudel nutzten, um ihre Beute zu fangen.

Länge: bis zu 13 m
Nahrung: Fleisch
Gruppe: Theropoda
Familie: Carcharodontosauridae

Giganotosaurus war so groß, dass er wahrscheinlich nicht schneller als 50 km/h laufen konnte, ohne das Gleichgewicht zu verlieren.

Entdeckt in: China
Lebensraum: trockene Ebenen
Wann: vor 80–70 Millionen Jahren
Name bedeutet: riesiger Räuber
Besonderheit: superschneller Jäger

GROSSER VOGEL

Dieser riesige, vogelartige Dino war fast 5 m groß und wog knapp 2 t. Forschende nehmen an, dass die bekannten Überreste nicht von erwachsenen Tieren stammen. *Gigantoraptor* hatte einen zahnlosen Schnabel und Krallen. Obwohl keine Federn gefunden wurden, müssten sie bei dieser Dinosaurierart üblich gewesen sein.

SCHON GEWUSST?

Die runden *Gigantoraptor*-Nester waren 3 m breit und hatten in der Mitte einen Platz für den Elternteil – damit er sitzen konnte, ohne die Eier zu beschädigen.

PFLANZEN UND FLEISCH?

Gigantoraptor könnte ein Pflanzenfresser gewesen sein, der Räubern dank seiner Schnelligkeit entkam. Mit seinen großen Krallen war er aber vielleicht selbst ein Jäger.

GIGANTORAPTOR

ALLESFRESSER
OBERKREIDE
GEFAHRENSTUFE 3

Länge: 8 m
Nahrung: wahrscheinlich Pflanzen
Gruppe: Theropoda
Familie: Oviraptoridae

Gigantoraptor legte riesige Eier, die bis zu 50 cm groß waren. In den Nestern waren sie in großen Ringen von 3 m Breite angeordnet.

GUANLONG

Entdeckt in: China
Lebensraum: Wald
Wann: vor 159–154 Millionen Jahren
Name bedeutet: gekrönter Drache
Besonderheit: jagte in Herden

FLEISCHFRESSER
OBERJURA
GEFAHRENSTUFE 4

KLEINER REX

Dieser Dinosaurier war in Hüfthöhe etwa 1,2 m groß – das ist etwa ein Drittel der Größe seines Verwandten *Tyrannosaurus rex*.

SCHON GEWUSST?

Spätere Tyrannosaurier hatten zwei Finger an jeder Hand, *Guanlong* hatte jedoch drei.

VORLÄUFER

Guanlong lebte im Oberjura und war einer der frühesten Tyrannosaurier. Er hatte einen über 50 cm hohen Kamm auf der Oberseite seines Kopfes. Dieser diente wohl zum Imponieren, denn zum Kämpfen war er zu empfindlich.

Länge: 3 m
Nahrung: Fleisch
Gruppe: Theropoda
Familie: unklar

Die ersten *Guanlong*-Exemplare, ein Erwachsener und ein Jugendlicher, wurden zufällig von einem Arbeiter im Nordwesten Chinas entdeckt.

Entdeckt in: Argentinien
Lebensraum: Wälder und Auen
Wann: vor 235–230 Millionen Jahren
Name bedeutet: Herreras Echse
Besonderheit: schneller Läufer

HERRERASAURUS

FLEISCHFRESSER
MITTELTRIAS
GEFAHRENSTUFE 3

SELTSAME KNOCHEN

Bei *Herrerasaurus* waren nur zwei Wirbel an seinem Hüftknochen befestigt. Bei anderen Dinosauriern waren es drei Wirbel.

SCHON GEWUSST?

In der Trias waren Archosaurier die vorherrschenden Reptilien und den Dinosauriern überlegen, aber nur für kurze Zeit.

GEHEIMNISVOLLE KREATUR

Nach Auffassung einiger Wissenschaftler war *Herrerasaurus* ein Archosaurier, ein in der Trias verbreiteter Krokodil-Vorfahr. Heute wird jedoch angenommen, dass er ein theropodenähnlicher früher Dinosaurier war.

Länge: 3–4 m
Nahrung: Fleisch
Gruppe: Theropoda
Familie: Herrerasauridae

Obwohl die ersten Fossilien von *Herrerasaurus* bereits 1958 gefunden wurden, war wenig über ihn bekannt – bis man 1988 schließlich ein fast vollständiges Skelett entdeckte.

HETERODONTOSAURUS

Entdeckt in: Südafrika
Lebensraum: in Seenähe
Wann: vor 208–200 Millionen Jahren
Name bedeutet: Echse mit verschiedenen Zähnen
Besonderheit: lange, scharfe Reißzähne

ALLESFRESSER
UNTERJURA
GEFAHRENSTUFE 2

VIELERLEI ZÄHNE

Normalerweise sahen die Zähne im Maul eines Dinosauriers alle gleich aus, doch dieser Dino hatte drei Arten von Zähnen. Die vorderen dienten zum Abschneiden von Pflanzen. Direkt dahinter kamen Reißzähne, gefolgt von Backenzähnen zum Zerkauen von Laub.

SCHON GEWUSST?

Durch den Verzehr von zähem Pflanzenmaterial wurden die Backenzähne dieses Dinosauriers vermutlich stark abgenutzt.

SCHÄDEL

Heterodontosaurus hatte zwei Paar große Reißzähne, die er wahrscheinlich zum Ausgraben von Pflanzenwurzeln oder zur Abwehr von Rivalen benutzte.

Länge: 1,2 m
Nahrung: Pflanzen, kleine Tiere
Gruppe: Cerapoda
Familie: Heterodontosauridae

Heterodontosaurus hatte an jeder Hand fünf Finger, von denen sich zwei gegenüberstanden. Dadurch konnte er Dinge aufheben.

Entdeckt in: USA
Lebensraum: Gestrüpp und Nadelwald
Wann: vor 124 Millionen Jahren
Name bedeutet: Pferdedrachen
Besonderheit: starker, bissiger Schnabel

SCHON GEWUSST?

Die Knochen von *Hippodraco* wurden zusammen mit denen anderer Dinosaurier, eines Krokodils und eines Säugetierschädels gefunden.

PFERDEKOPF

Hippodracos' Zähne waren schildförmig, wie die der meisten Leguanodontiden, und er hatte einen langen Schädel, der ein bisschen dem eines Pferdes ähnelte. Daher wurde dieser Dinosaurier *Hippodraco* genannt – *Hippo* bedeutet auf Griechisch „Pferd".

HIPPODRACO

PFLANZENFRESSER
UNTERKREIDE
GEFAHRENSTUFE 2

WACHSAMER FRESSER

Dieser mittelgroße Leguanodontide lief wahrscheinlich auf zwei Beinen, fraß jedoch auf allen vieren. Während er bodennahe Pflanzen abrupfte, blieb er auf der Hut vor räuberischen Theropoden, die nach einer schnellen Mahlzeit suchten.

Länge: 4,5 m
Nahrung: Pflanzen
Gruppe: Ornithopoda
Familie: unklar

Aus den großen Augenhöhlen des *Hippodraco*-Fossils schlossen Wissenschaftler und Wissenschaftlerinnen, dass die Überreste eher von einem jüngeren Individuum als von einem Erwachsenen stammen.

Entdeckt in: China
Lebensraum: Waldgebiete
Wann: vor 130 Millionen Jahren
Name bedeutet: Kiefer aus Hua Xia
Besonderheit: scharfe Krallen

EIN KLEINER RÄUBER

Dieser Theropode lebte in der Kreidezeit in China. Er gehörte zur selben Gruppe wie der kleine Theropode *Compsognathus*, der bereits im Jura lebte. *Huaxiagnathus* erbeutete Tiere, die am Boden liefen.

SCHON GEWUSST?

Huaxiagnathus war zwar nicht sehr groß, aber trotzdem ein guter Jäger, der andere Dinos und kleine Reptilien erbeutete.

LANGE FINGER

Huaxiagnathus packte die Beutetiere mit seinen langen Fingern.

HUAXIAGNATHUS

FLEISCHFRESSER

OBERKREIDE

GEFAHRENSTUFE 2

Länge: etwa 1,8 m
Nahrung: Fleisch
Gruppe: Theropoda
Familie: Compsognathidae

„Hua Xia" war ein alter Name für China, daher der Name des Dinos. In der chinesischen Yixian-Formation hat man zwei Skelette von ihm gefunden.

Entdeckt in: England, Spanien
Lebensraum: offene Waldgebiete
Wann: vor 125–120 Millionen Jahren
Name bedeutet: Zahn mit hohen Kämmen
Besonderheit: konnte sehr schnell laufen

HYPSILOPHODON

PFLANZENFRESSER
UNTERKREIDE
GEFAHRENSTUFE 1

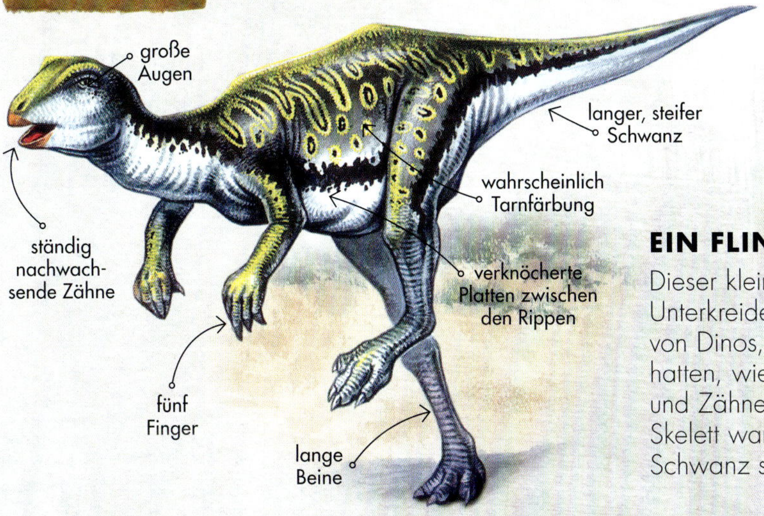

EIN FLINKES TIER

Dieser kleine Pflanzenfresser lebte in der Unterkreide. Er zeigte noch Merkmale von Dinos, die Jahrmillionen früher gelebt hatten, wie fünf Finger an jeder Hand und Zähne statt eines Schnabels. Sein Skelett war leicht, die Beine lang und der Schwanz steif. Er konnte schnell rennen.

Entdeckt in: USA
Lebensraum: Waldgebiete
Wann: vor 124 Millionen Jahren
Name bedeutet: kolossaler Leguan
Besonderheit: groß mit kräftigem Schnabel

IGUANACOLOSSUS

PFLANZENFRESSER
UNTERKREIDE
GEFAHRENSTUFE 2

EIN WUCHTIGES TIER

Dieser etwa 5 t schwere Dinosaurier war ungefähr so groß wie *Iguanodon*, der in Europa lebte. *Iguanacolossus* hatte einen langen, schmalen Schädel und pflückte mit seinem Schnabel Blätter ab.

Länge: etwa 1,8–2 m
Nahrung: Pflanzen
Gruppe: Clypeodonta
Familie: Hypsilophodontidae

Länge: etwa 9 m
Nahrung: Pflanzen
Gruppe: Ornithopoda
Familie: unklar

KÖRPERBAU

Iguanodon hatte kräftige Hinterbeine und drei Zehen mit hufartigen Klauen. Er lief nur auf den Hinterbeinen.

Entdeckt in: England, Belgien, Deutschland, Frankreich, Spanien
Lebensraum: Waldgebiete
Wann: vor 125 Millionen Jahren
Name bedeutet: Leguanzahn
Besonderheit: dornförmiger Daumen

DAUMENDORN

Iguanodon ist einer der bekanntesten Dinosaurier. Mit seinen ungewöhnlichen Daumendornen konnte er angreifenden Theropoden die Augen schwer verletzen. Er weidete mit seinem Hornschnabel zähe Pflanzen ab und zermalmte sie mit den Zähnen.

SCHON GEWUSST?

Iguanodon hatte einen guten Geruchssinn und konnte weit entfernte Futterpflanzen erschnüffeln.

BEWEGLICHE HAND

Seinen über 20 cm langen Daumendorn setzte der Dino wie einen Dolch ein. Den kleinen Finger konnte er biegen, um Pflanzenteile festzuhalten.

IGUANODON

PFLANZENFRESSER
UNTERKREIDE
GEFAHRENSTUFE 2

Länge: etwa 10 m
Nahrung: Pflanzen
Gruppe: Ornithopoda
Familie: Iguanodontidae

Bereits 1852 fertigte man in London ein *Iguanodon*-Modell an. 1878 wurden in einem Kohlebergwerk in Belgien mehr als 30 *Iguanodon*-Skelette entdeckt.

Entdeckt in: China
Lebensraum: Wälder
Wann: vor 130–125 Millionen Jahren
Name bedeutet: Schneidezahnechse
Besonderheit: war vielleicht ein Allesfresser

EIN ALLESFRESSER?

Dieser kleine Theropode gehörte zur selben Gruppe wie *Oviraptor*, lebte aber früher. *Incisivosaurus* hatte lange Vorderzähne statt eines zahnlosen Schnabels. Vielleicht waren das schon Anlagen, um sich zu einem Pflanzenfresser weiterzuentwickeln.

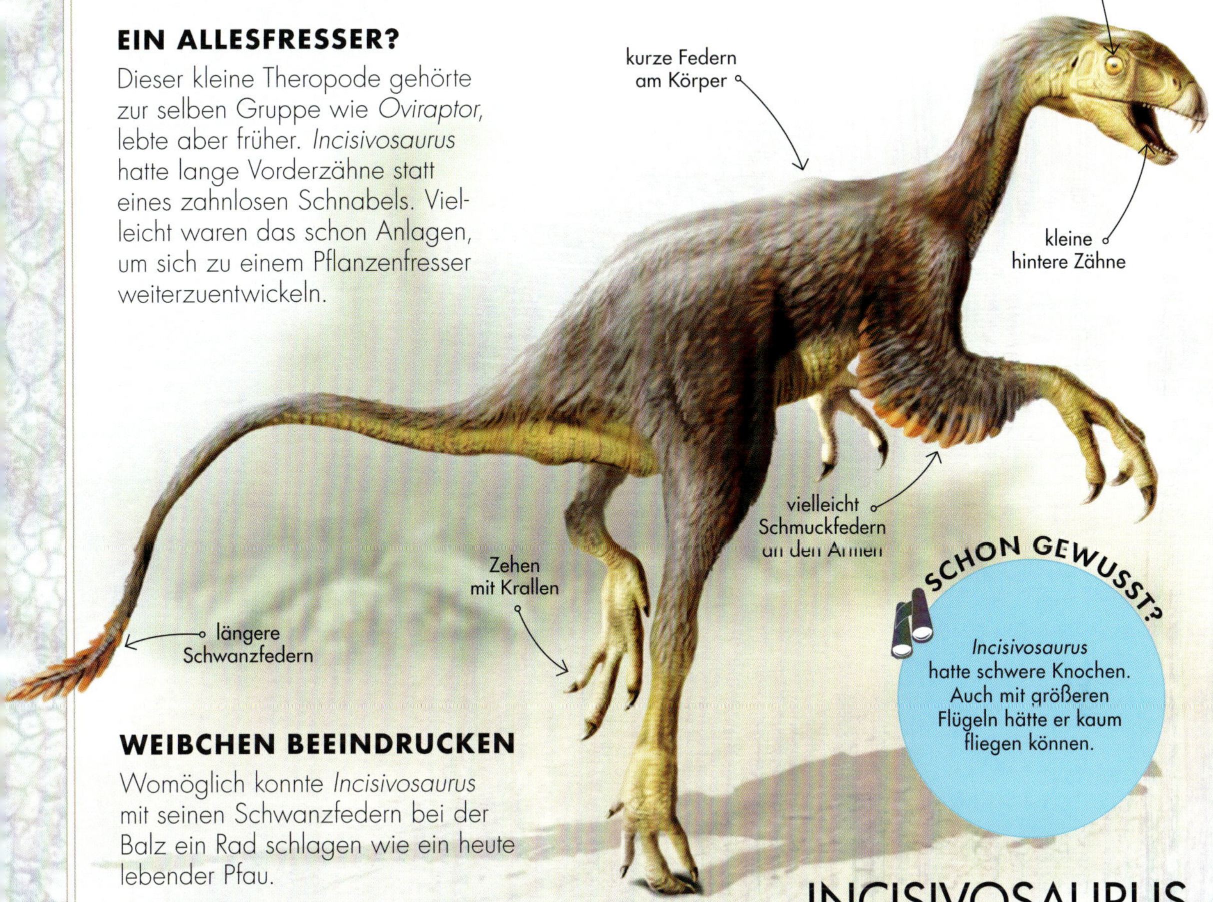

WEIBCHEN BEEINDRUCKEN

Womöglich konnte *Incisivosaurus* mit seinen Schwanzfedern bei der Balz ein Rad schlagen wie ein heute lebender Pfau.

SCHON GEWUSST?

Incisivosaurus hatte schwere Knochen. Auch mit größeren Flügeln hätte er kaum fliegen können.

INCISIVOSAURUS

UNGEWÖHNLICH

Die meisten Oviraptoren hatten keine Zähne, aber bei *Incisivosaurus* fand man verlängerte Zähne vorn und stiftförmige Zähne im Bereich der Wangen. Einige Fachleute glauben, dass er und *Protarchaeopteryx* die gleiche Art waren.

ALLESFRESSER
UNTERKREIDE
GEFAHRENSTUFE 1

Länge: etwa 1 m
Nahrung: Pflanzen, kleine Tiere
Gruppe: Theropoda
Familie: unklar

Zu den Fossilien von *Incisivosaurus* gehört ein etwa 10 cm langer Schädel mit fast perfekt erhaltenen Zähnen. Er liefert Hinweise auf die Nahrung des Dinos.

JINGSHANOSAURUS

Entdeckt in: China
Lebensraum: Wälder und Ebenen
Wann: vor 205–190 Millionen Jahren
Name bedeutet: Echse aus Jingshan
Besonderheit: kräftige Krallen

PFLANZENFRESSER

UNTERJURA

GEFAHRENSTUFE 2

SCHON GEWUSST?

Jingshanosaurus wog bis zu 2 t und gehörte zu den größten Dinos seiner Zeit.

ZÄHES FUTTER

Jingshanosaurus war einer der letzten Prosauropoden. Anders als die späteren Sauropoden lief er auf seinen kräftigen Hinterbeinen. Der Schwanz bot ein Gegengewicht zum Körper und dem langen Hals. Mit seinen vielen Zähnen zermalmte der Dino sogar holzige Pflanzen.

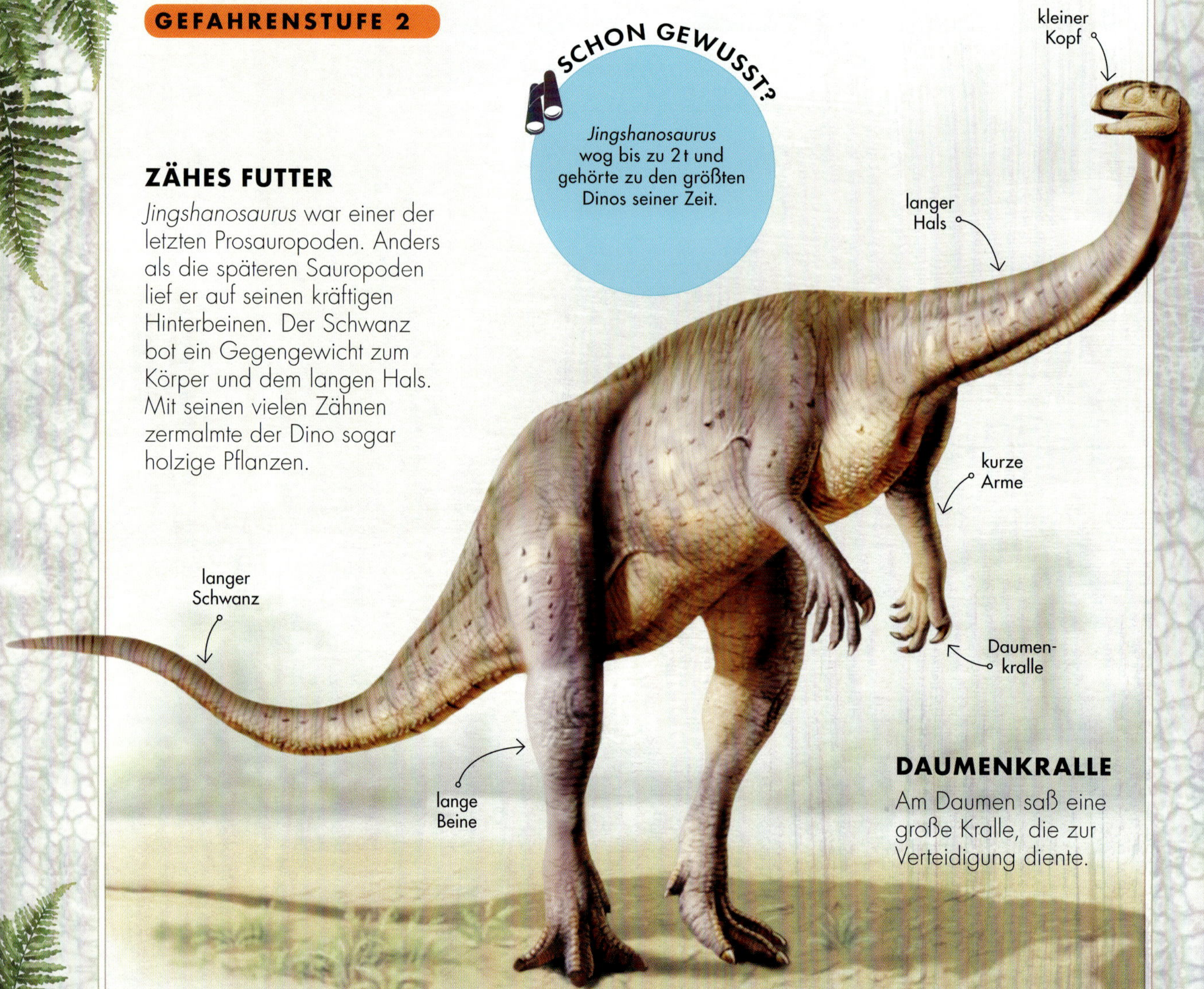

DAUMENKRALLE

Am Daumen saß eine große Kralle, die zur Verteidigung diente.

Länge: etwa 8 m
Nahrung: Pflanzen
Gruppe: Sauropodomorpha
Familie: Plateosauria

In China wurde ein fast vollständiges Skelett gefunden. Ende der 1990er-Jahre ging ein Modell dieses Dinos auf Welttournee.

Entdeckt in: Deutschland
Lebensraum: bei Meereslagunen
Wann: vor 154–151 Millionen Jahren
Name bedeutet: Jäger des Jura
Besonderheit: nachtaktiv

JURAVENATOR

FLEISCHFRESSER
OBERJURA
GEFAHRENSTUFE 1

VORFAHR DER VÖGEL

Dieser kleine Theropode gehört zu den Coelurosauriern, den Vorfahren der heutigen Vögel. Der Schwanz war schuppig, andere Körperteile vielleicht mit Daunenfedern bedeckt. Man hat das Fossil eines Jungtiers gefunden, das auf dem Rücken liegend im Flachmeer versteinert ist.

SCHON GEWUSST?

Experten und Expertinnen brauchten 700 Stunden, um den Kalkstein abzulösen, in dem das Fossil eingebettet war.

NACHTS AUF DER JAGD

Juravenator hatte große Augen. Vielleicht war er in der Nacht unterwegs, wenn die größeren Räuber schliefen.

Länge: etwa 70–80 cm
Nahrung: Fleisch
Gruppe: Theropoda
Familie: Compsognathidae

Ein Stück versteinerte Haut, die mit den Knochen gefunden wurde, zeigt, dass der Dino Schuppen trug.

KENTROSAURUS

PFLANZENFRESSER

OBERJURA

GEFAHRENSTUFE 3

Entdeckt in: Tansania
Lebensraum: Wälder und Ebenen
Wann: vor 155–140 Millionen Jahren
Name bedeutet: Stachelechse
Besonderheit: Schwanz diente zur Verteidigung

SCHON GEWUSST?

Viele Fossilien von *Kentrosaurus* befanden sich in einem Museum in Deutschland. Im Zweiten Weltkrieg wurden sie bei Bombenangriffen zerstört.

EIN STEGOSAURIER

Dieser Dinosaurier lebte im Jura im heutigen Tansania (Afrika) und war trotzdem nah mit *Stegosaurus* aus Amerika verwandt. Am Hals und Rücken trug er paarige Knochenplatten, an den Hüften sowie am Schwanz Stacheln.

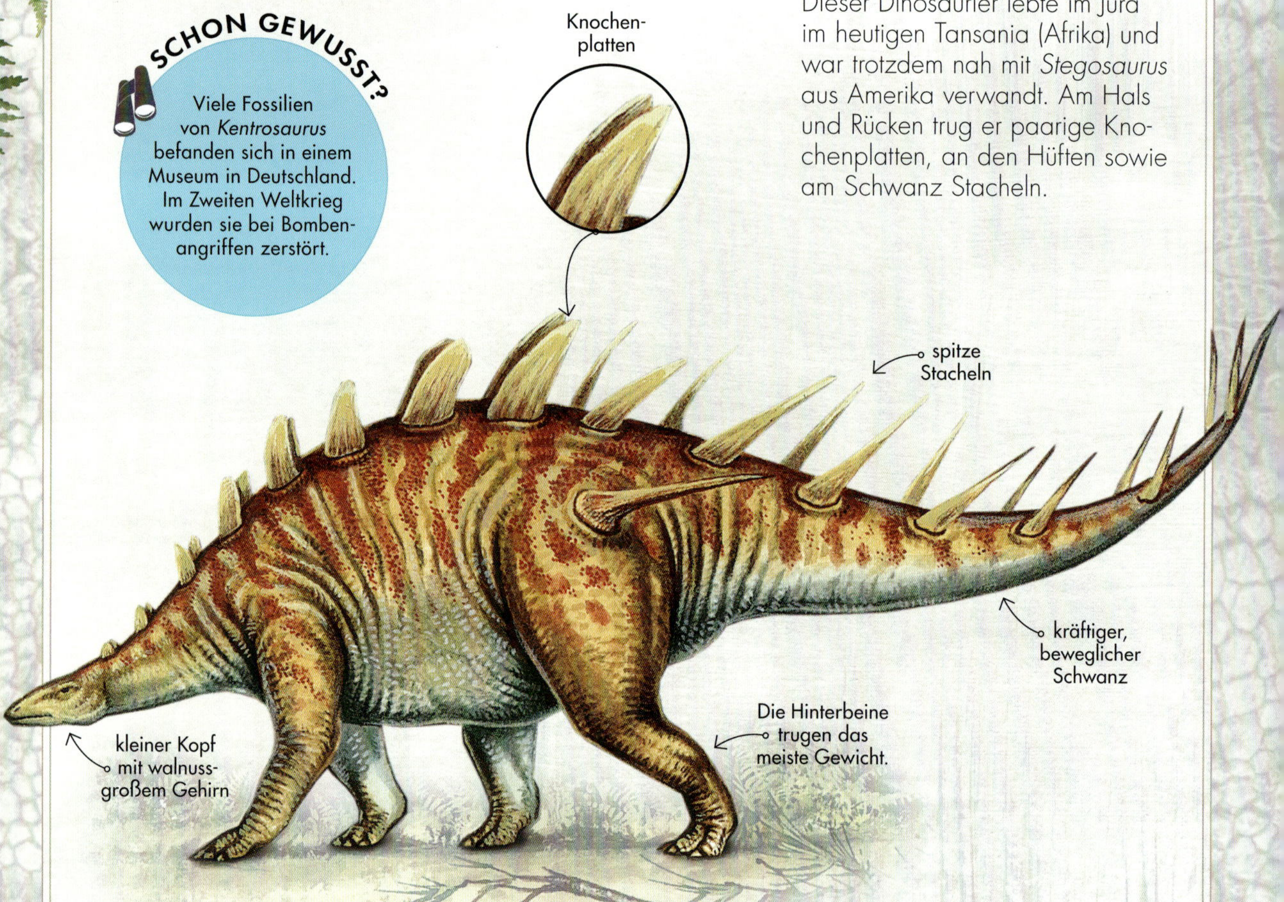

GEFÄHRLICHER SCHWANZ

Bei Gefahr schwenkte *Kentrosaurus* seinem Feind den stacheligen Schwanz drohend entgegen.

Länge: bis etwa 5 m
Nahrung: Pflanzen
Gruppe: Stegosauria
Familie: Stegosauridae

Viele der Platten und Stacheln hat man nicht direkt beim Skelett gefunden, deshalb ist unklar, wo genau sie am Körper saßen.

Entdeckt in: Russland
Lebensraum: Wälder
Wann: vor 65 Millionen Jahren
Name bedeutet: Kerberos-Echse
Besonderheit: bewegte sich langsam

KERBEROSAURUS

PFLANZENFRESSER

OBERKREIDE

GEFAHRENSTUFE 2

ENTENSCHNABEL

Dieser Entenschnabeldinosaurier lebte zum Ende des Mesozoikums in Asien. Seine Vorfahren waren etwa 10 Millionen Jahre zuvor von Nordamerika nach Asien gewandert.

SCHON GEWUSST?

Kerberosaurus war nah mit *Prosaurolophus* aus Nordamerika verwandt, aber die beiden Dinos haben sich auf unterschiedliche Weise entwickelt.

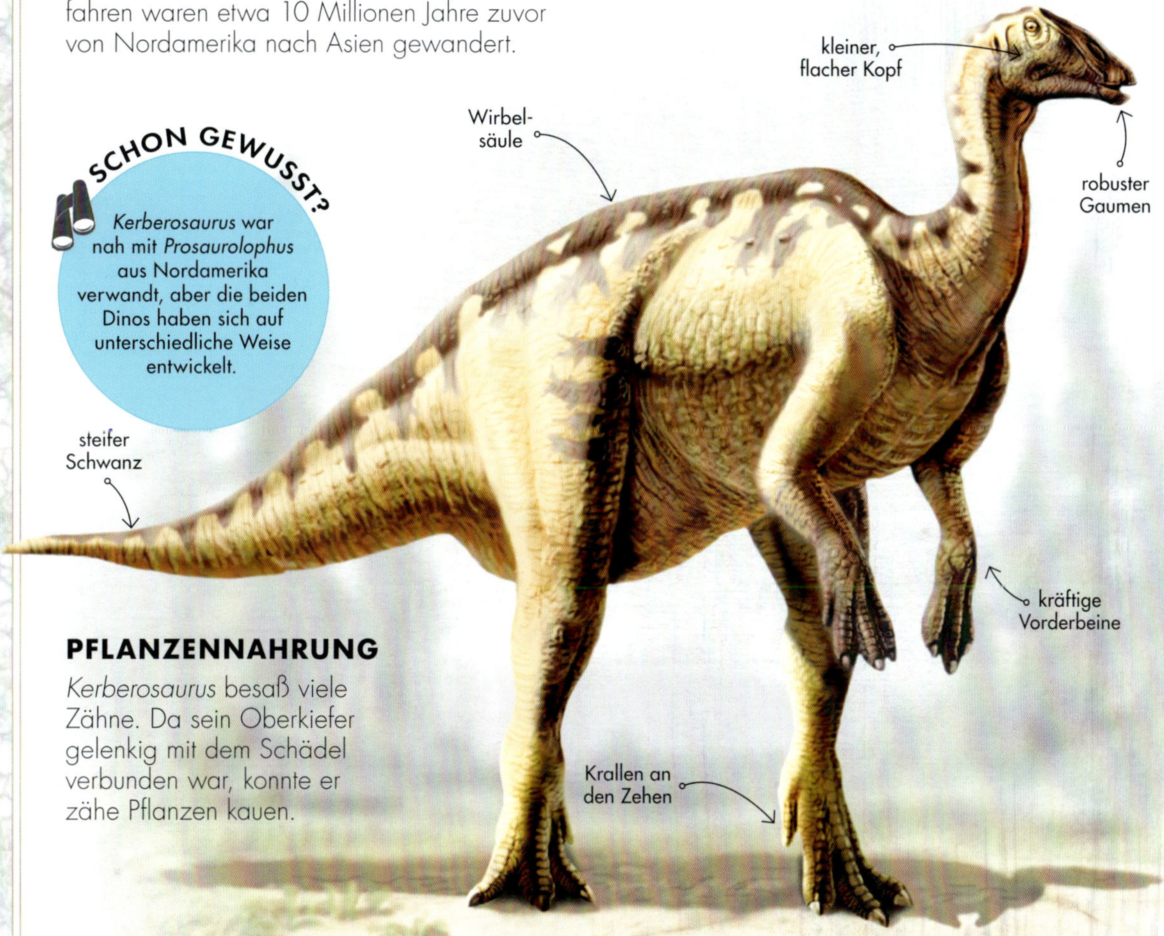

PFLANZENNAHRUNG

Kerberosaurus besaß viele Zähne. Da sein Oberkiefer gelenkig mit dem Schädel verbunden war, konnte er zähe Pflanzen kauen.

Länge: etwa 9 m
Nahrung: Pflanzen
Gruppe: Ornithopoda
Familie: Hadrosauridae

Man hat Fossilien von *Kerberosaurus* zusammen mit denen einer anderen Entenschnabeldinosaurierart in der Amur-Region in Ostrussland gefunden.

KOSMOCERATOPS

Entdeckt in: USA
Lebensraum: Schwemmland
Wann: vor 76 Millionen Jahren
Name bedeutet: geschmücktes Horngesicht
Besonderheit: zu den Seiten weisende Hörner

PFLANZENFRESSER

OBERKREIDE

GEFAHRENSTUFE 3

SCHON GEWUSST?

Kein anderer Horndinosaurier besaß einen so prachtvollen Kopfschmuck wie *Kosmoceratops*.

NACKENSCHILD

Der Nackenschild war Teil des etwa 1,8 m langen Schädels. Der Kopf nahm also fast die Hälfte des ganzen Körpers ein.

ABSCHRECKENDE HÖRNER

Kosmoceratops besaß jede Menge Hörner. Zehn saßen oben an seinem Nackenschild und waren wie Haken gekrümmt, zwei weitere ragten über den Augen zu den Seiten. Das Nasenhorn war stumpf.

Länge: etwa 5 m
Nahrung: Pflanzen
Gruppe: Ceratopsia
Familie: Ceratopsidae

Vielleicht dienten die Stacheln am Kopf eher zum Beeindrucken von Weibchen als zur Verteidigung.

Entdeckt in: Kanada, USA
Lebensraum: Wälder
Wann: vor 76–74 Millionen Jahren
Name bedeutet: Echse, die Lambe entdeckt hat
Besonderheit: friedlicher Pflanzenfresser

SCHMALER SCHNABEL

Dies ist einer der bekanntesten Entenschnabeldinosaurier mit einem hohlen Knochenkamm. *Lambeosaurus* hatte einen schmalen Schnabel und suchte sich die Blätter, die er verspeiste, wahrscheinlich sorgfältig aus.

SCHON GEWUSST?

Die Männchen imponierten mit ihren Kämmen vermutlich den Weibchen. Die Kämme der Weibchen waren kleiner und rundlicher.

LAMBEOSAURUS

PFLANZENFRESSER
OBERKREIDE
GEFAHRENSTUFE 2

HUFE

An den Fingerspitzen saßen hufähnliche Klauen. Das bedeutet, dass der Dino auf allen vieren laufen konnte.

Länge: bis 16 m
Nahrung: Blätter, Früchte
Gruppe: Ornithopoda
Familie: Hadrosauridae

Lawrence Lambe entdeckte diesen Dinosaurier 1902, aber erst 20 Jahre später erkannte man, dass *Lambeosaurus* einer eigenen Gattung angehörte.

LEAELLYNASAURA

Entdeckt in: Australien
Lebensraum: antarktische Wälder
Wann: vor 115–110 Millionen Jahren
Name bedeutet: Echse von Leaellyn
Besonderheit: konnte sehr schnell laufen

PFLANZENFRESSER
UNTERKREIDE
GEFAHRENSTUFE 1

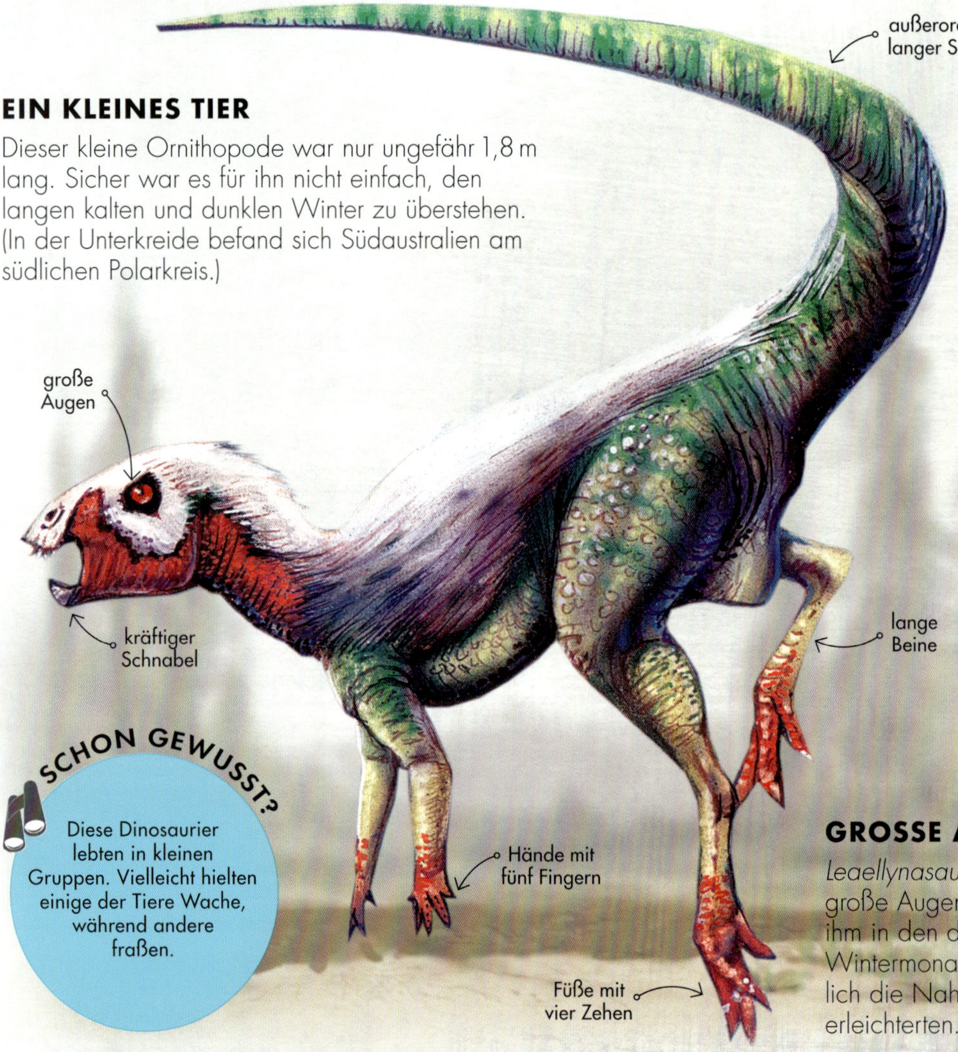

EIN KLEINES TIER

Dieser kleine Ornithopode war nur ungefähr 1,8 m lang. Sicher war es für ihn nicht einfach, den langen kalten und dunklen Winter zu überstehen. (In der Unterkreide befand sich Südaustralien am südlichen Polarkreis.)

SCHON GEWUSST?

Diese Dinosaurier lebten in kleinen Gruppen. Vielleicht hielten einige der Tiere Wache, während andere fraßen.

GROSSE AUGEN

Leaellynasaura hatte große Augen, die ihm in den dunklen Wintermonaten sicherlich die Nahrungssuche erleichterten.

Länge: etwa 1,8 m
Nahrung: Pflanzen
Gruppe: Ornithopoda
Familie: unklar

Wir kennen *Leaellynasaura,* weil 1989 in der australischen Dinosaurier-Bucht Schädelteile und Knochen eines Jungtiers gefunden wurden.

Entdeckt in: China
Lebensraum: Wälder
Wann: vor 125–113 Millionen Jahren
Name bedeutet: Echse aus Liaoning
Besonderheit: Knochenplatten am Bauch

SCHON GEWUSST?

Das Tier hatte Merkmale von Nodosauriden sowie von Ankylosauriden, deshalb ist unklar, zu welcher Familie es gehörte.

GEPANZERTER BAUCH

Das Bild zeigt ein Jungtier. Bei den Kleinen waren nicht nur der Rücken und die Flanken gepanzert (wie bei anderen Ankylosauriern), sondern auch der Bauch.

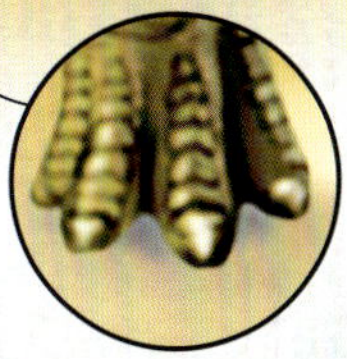

LIAONINGOSAURUS

ERWACHSENER DINO

Wir wissen nicht, wie der erwachsene *Liaoningosaurus* ausgesehen hat. Vielleicht trug er keinen Bauchpanzer, weil er so wehrhaft war, dass er ihn nicht mehr brauchte.

PFLANZENFRESSER
UNTERKREIDE
GEFAHRENSTUFE 1

Länge: vermutlich 1,8–3 m
Nahrung: Pflanzen
Gruppe: Ankylosauria
Familie: Ankylosauridae

Man hat ein vollständiges Skelett von *Liaoningosaurus* in der chinesischen Yixian-Formation gefunden. Da es von einem Jungtier stammt, ist die Größenangabe für den erwachsenen Dino nur geschätzt.

Entdeckt in: USA
Lebensraum: Wälder und Ebenen
Wann: vor 80–74 Millionen Jahren
Name bedeutet: Gute-Mutter-Echse
Besonderheit: Brutpflege

GUTE MÜTTER

Diese Dinos kümmerten sich um ihre Jungen und brachten ihnen Futter. Die Weibchen nisteten in großen Gruppen.

SCHNELLES WACHSTUM

Die Jungtiere wurden rasch größer. Mit einem Jahr waren sie schon 1,2 m lang, und die Eltern hatten jede Menge zu tun, um sie satt zu bekommen. Diese Entenschnabeldinosaurier konnten über 9 m lang werden.

SCHON GEWUSST?

Vielleicht nisteten alle Entenschnabeldinos in großen Kolonien, ähnlich wie heute viele Seevögel.

MAIASAURA

PFLANZENFRESSER

OBERKREIDE

GEFAHRENSTUFE 2

Länge: über 9 m
Nahrung: Pflanzen
Gruppe: Ornithopoda
Familie: Hadrosauridae

In Montana (USA) hat man viele versteinerte *Maiasaura*-Nester mit Teilen von Eiern und auch Jungtiere gefunden. Deshalb weiß man viel über die Entwicklung der Jungen.

Entdeckt in: Madagaskar
Lebensraum: Küstenebenen
Wann: vor 70–65 Millionen Jahren
Name bedeutet: Echse aus Mahajanga
Besonderheit: kräftige Kiefer

MAJUNGASAURUS

FLEISCHFRESSER

OBERKREIDE

GEFAHRENSTUFE 5

SCHON GEWUSST?

Diese Dinos kämpften um das Futter. Forscher halten es für möglich, dass sie ihre Rivalen sogar töteten und anschließend auffraßen.

JÄGER UND AASFRESSER

Dieser Raubdinosaurier fraß wahrscheinlich auch Aas. Zu seiner Beute gehörten Sauropoden wie Rapetosaurus. Er tötete sie mit einem Nackenbiss und ließ erst los, wenn sie sich nicht mehr bewegten, ähnlich wie heutige Raubkatzen.

KRÄFTIGE ZÄHNE

Die vorderen Zähne im Oberkiefer waren besonders stabil. Sie durften nicht abbrechen, wenn die Beute zappelte.

Länge: etwa 6–7 m
Nahrung: Fleisch
Gruppe: Theropoda
Familie: Abelisauridae

Von *Majungasaurus* hat man viele Fossilien gefunden, auch einen vollständigen Schädel. Ein Skelett weist darauf hin, dass der Schwanz des Tieres abgebissen worden ist.

MAMENCHISAURUS

Entdeckt in: China
Lebensraum: Waldgebiete
Wann: vor 160–145 Millionen Jahren
Name bedeutet: Echse aus Mamenchi (China)
Besonderheit: gefährlicher Schwanz

PFLANZENFRESSER
OBERJURA
GEFAHRENSTUFE 4

SCHON GEWUSST?

Der Hals des größten *Mamenchisaurus*-Skeletts ist etwa 15 m lang – länger als sieben erwachsene Männer übereinander!

LANGER HALS

Nur wenige Tiere hatten einen so langen Hals. Höhlen auf beiden Seiten der Halswirbel machten den Hals leichter. Als Gegengewicht dienten der schwere Körper und der lange Schwanz.

RIESIGE HALSWIRBEL

Im Hals befanden sich 19 Wirbel – so viele besaß kein anderer Dinosaurier. Die Halswirbel waren doppelt so lang wie die Rückenwirbel.

Länge: bis etwa 24 m
Nahrung: Pflanzen
Gruppe: Sauropodomorpha
Familie: Eusauropoda

Die Fossilien von *Mamenchisaurus* gehören zu den am besten erhaltenen Dino-Skeletten. Bei einem ist der gesamte Hals versteinert.

Entdeckt in: Madagaskar
Lebensraum: Waldgebiete
Wann: vor 70 Millionen Jahren
Name bedeutet: bösartige Echse
Besonderheit: klein, aber aggressiv

SCHON GEWUSST?

Masiakasaurus fing Fische, indem er mit dem Kopf ins Wasser eintauchte und sie mit seinen spitzen Vorderzähnen aufspießte.

EIN KLEINER DINO

Dieser kleine Räuber musste sich vor größeren Raubdinosauriern in Acht nehmen, wie dem furchterregenden *Majungasaurus*.

MASIAKASAURUS

SELTSAMER KIEFER

Masiakasaurus hatte einzigartige Kiefer und Zähne. Die Spitzen von Ober- und Unterkiefer waren aufgebogen, sodass die Zähne nach vorn wiesen. So eigneten sie sich besonders für das Zupacken, aber nicht für das Zerreißen der Beute.

FLEISCHFRESSER
OBERKREIDE
GEFAHRENSTUFE 2

Länge: bis 1,8 m
Nahrung: Fleisch
Gruppe: Theropoda
Familie: Noasauridae

Nach vorn weisende Zähne findet man bei mehreren Gruppen fliegender und schwimmender Reptilien. Sie sind Anpassungen an das Fangen von Fischen.

MASSOSPONDYLUS

Entdeckt in: Südafrika, Lesotho, Simbabwe
Lebensraum: Waldgebiete
Wann: vor 208–183 Millionen Jahren
Name bedeutet: längerer Wirbel
Besonderheit: große Kralle an der Hand

ALLESFRESSER

UNTERJURA

GEFAHRENSTUFE 3

AUF ALLEN VIEREN

Die Hinterbeine dieses Dinos waren viel länger als die Vorderbeine. Wahrscheinlich ruhte er sich auf allen vieren aus, lief aber auf den Hinterbeinen, denn die großen Krallen an den Händen machten das Laufen unmöglich. *Massospondylus* fraß vor allem Pflanzen und vielleicht gelegentlich kleine Tiere.

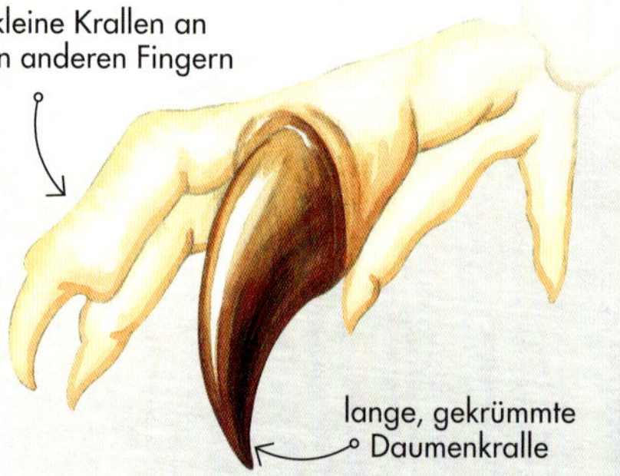

DAUMENKRALLE

Massospondylus trug an den Händen sichelförmige Krallen, mit denen er Angreifer abwehrte.

SCHON GEWUSST?

Massospondylus verschluckte kleine Kieselsteine. Sie trugen dazu bei, dass seine Pflanzennahrung im Magen zerkleinert wurde.

Länge: etwa 4 m
Nahrung: Pflanzen, Fleisch
Gruppe: Sauropodomorpha
Familie: Massospondylidae

Massospondylus wurde im 19. Jahrhundert entdeckt. Seitdem hat man mehr als 80 unvollständige Skelette und sechs Eier gefunden.

Entdeckt in: England
Lebensraum: Wälder
Wann: vor 176–161 Millionen Jahren
Name bedeutet: große Echse
Besonderheit: schneller Läufer

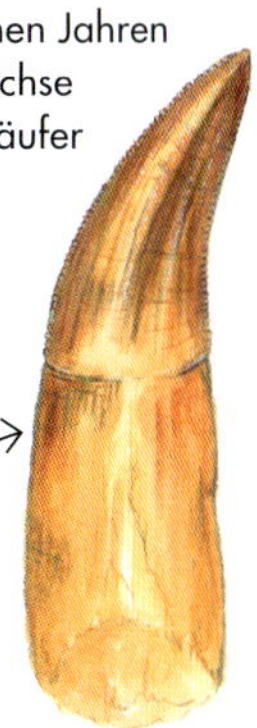

ZÄHNE UND KRALLEN

Megalosaurus hatte kräftige Kiefergelenke und gekrümmte, sägeartige Zähne. Auch die großen Krallen waren typisch für einen Räuber.

JÄGER AUF ZWEI BEINEN

Der Raubdinosaurier lief auf den Hinterbeinen, wenn er andere Dinos jagte (auch große Sauropoden). Mit seinen kräftigen Fußkrallen und den spitzen Zähnen zerriss er die Beute.

SCHON GEWUSST?

Obwohl bereits 1696 Knochen von *Megalosaurus* gefunden wurden, bekam er erst 128 Jahre später einen Namen.

MEGALOSAURUS

FLEISCHFRESSER

MITTELJURA

GEFAHRENSTUFE 4

Länge: etwa 9 m
Nahrung: Fleisch
Gruppe: Theropoda
Familie: Megalosauridae

Megalosaurus war im Jahr 1824 der erste Dinosaurier, dem der englische Paläontologe William Buckland einen wissenschaftlichen Namen gab.

LANGER SCHLAF

Nicht alle Dinosaurierfossilien sind so aufregend wie dieses! Man fand das Tier in einer schlafenden Körperhaltung. Es hatte seinen Kopf unter den Arm gesteckt, wie es heute viele ruhende Vögel tun. Vermutlich erstickte das Tier an giftigen vulkanischen Gasen.

Entdeckt in: China
Lebensraum: Waldgebiete
Wann: vor 140–135 Millionen Jahren
Name bedeutet: im tiefen Schlaf
Besonderheit: sehr klein

SCHLAFENDE SCHÖNHEIT

Die Fossilien von *Mei* sind fast vollständig erhalten und man erkennt die Einzelheiten dreidimensional. Wahrscheinlich war das Tier noch jung.

SCHON GEWUSST?

Der chinesische Name *Mei long* bedeutet: „schläft tief wie ein Drachen".

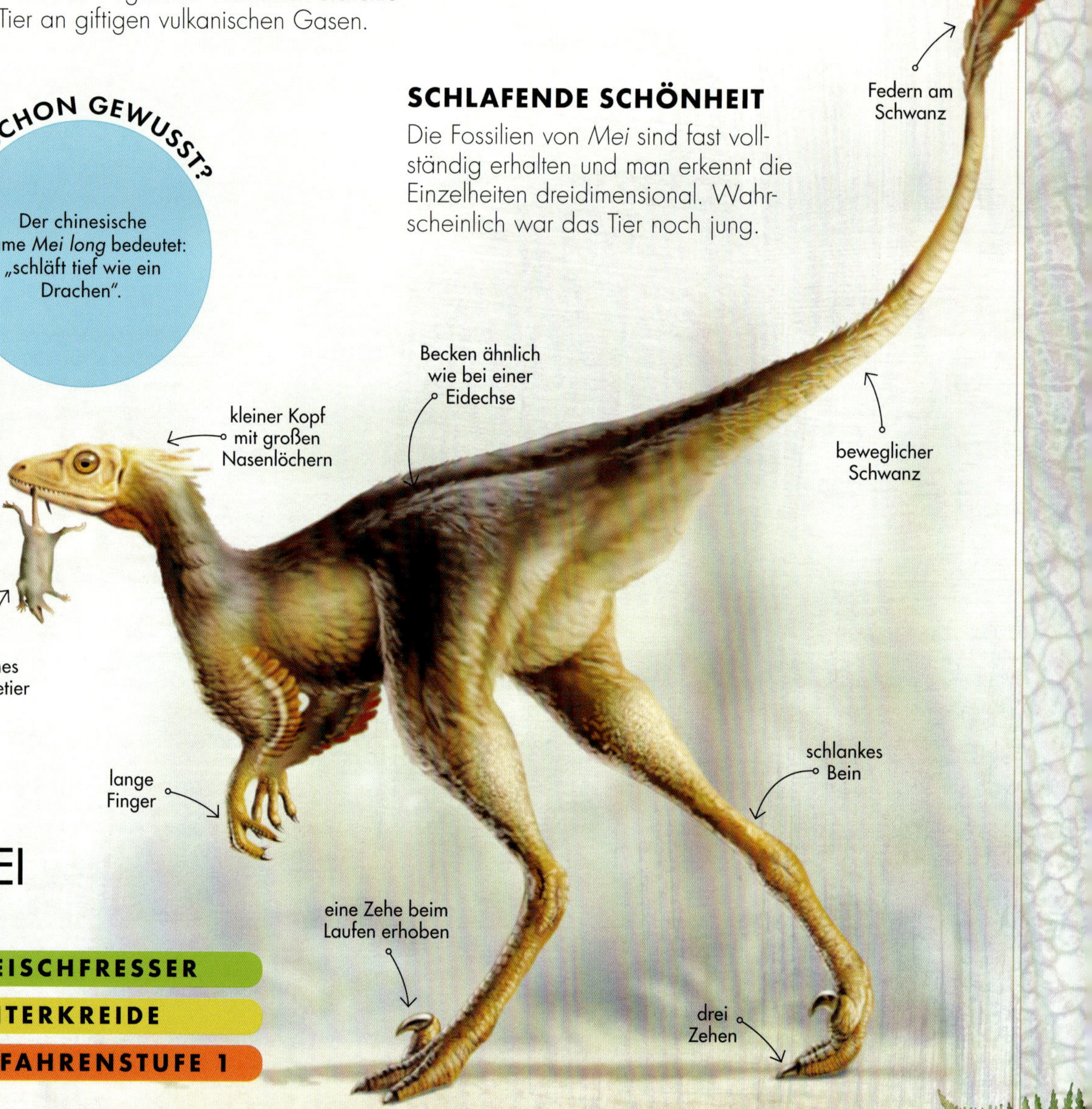

MEI

FLEISCHFRESSER
UNTERKREIDE
GEFAHRENSTUFE 1

Länge: etwa 90 cm
Nahrung: Fleisch
Gruppe: Theropoda
Familie: Troodontidae

Die Entdeckungen von *Mei* im Schlaf und von dem Oviraptosaurier *Citipati*, der sein Nest beschützte, lassen vermuten, dass sich diese Theropoden ähnlich wie heute lebende Vögel verhielten. Die Größe des erwachsenen Tieres ist geschätzt.

Entdeckt in: China
Lebensraum: Wälder
Wann: vor 130–120 Millionen Jahren
Name bedeutet: kleiner Räuber
Besonderheit: konnte schnell gleiten

MICRORAPTOR

FLEISCHFRESSER

UNTERKREIDE

GEFAHRENSTUFE 1

SCHON GEWUSST?

Microraptor wurde um 2000 entdeckt. Am Fossil kann man die Federn deutlich erkennen.

FEDERN AN DEN BEINEN

Das Ungewöhnlichste an diesem Dino waren seine befiederten Hinterbeine. Die langen Federn saßen an den Ober- und Unterschenkeln, sodass er aussah wie ein Tier mit vier Flügeln. Die hinteren „Flügel" sorgten beim Gleitflug für Auftrieb.

VON BAUM ZU BAUM

Wahrscheinlich konnte *Microraptor* von Baum zu Baum gleiten wie ein heute lebendes Gleithörnchen. Mit den Beinen steuerte er in der Luft.

Länge: etwa 80 cm
Nahrung: Insekten, Eidechsen
Gruppe: Theropoda
Familie: Dromaeosauridae

Microraptor war viel näher mit *Velociraptor* verwandt als mit den heute lebenden Vögeln, aber sein Bewegungsmuster entwickelte sich zum aktiven Flug der Vögel weiter.

MINMI

Entdeckt in: Australien
Lebensraum: offene Waldgebiete
Wann: vor 119–113 Millionen Jahren
Name bedeutet: Echse von Minmi Crossing
Besonderheit: zugespitzte Knochenplatten

PFLANZENFRESSER
UNTERKREIDE
GEFAHRENSTUFE 2

KNOCHENPLATTEN

Der Bauchpanzer bestand aus kleinen sechseckigen Knochenplatten, die an Kieselsteine erinnerten.

DER PANZER

Dieser Ankylosaurier trug einen relativ leichten Panzer aus Schilden in verschiedenen Größen und Formen. Neben den Rückenwirbeln befanden sich einzigartige Knochen. Im Unterschied zu anderen Ankylosauriern verliefen die Schilde in Längsreihen von hinten nach vorn.

SCHON GEWUSST?

Auch versteinerter Mageninhalt wurde von *Minmi* gefunden, darunter Früchte und unverdaute Samen.

Länge: etwa 2–3 m
Nahrung: niedrige Pflanzen
Gruppe: Ankylosauria
Familie: Ankylosauridae

Minmi war kleiner als die meisten Ankylosaurier und hatte eine ungewöhnliche Panzerung. Einige Forscher und Forscherinnen glauben, dass er zu einer eigenständigen Gruppe gehörte.

Entdeckt in: Mongolei
Lebensraum: Wüstenebenen
Wann: vor 81–68 Millionen Jahren
Name bedeutet: eine einzige Kralle
Besonderheit: schneller Läufer

MONONYKUS

FLEISCHFRESSER

OBERKREIDE

GEFAHRENSTUFE 1

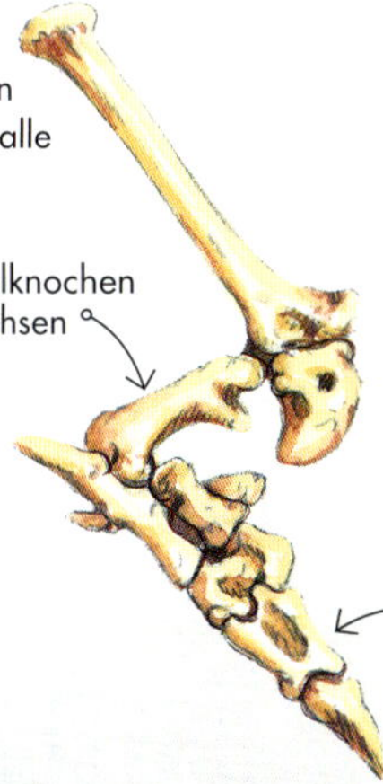

ELEGANTER SPRINTER

Mononykus konnte auf seinen sportlichen Hinterbeinen schnell rennen, aber seine Arme waren sehr kurz und an jeder Hand befand sich nur ein Finger – ein Daumen mit Kralle.

NUR EINE KRALLE

Das typische Merkmal dieses Theropoden war die einzelne Kralle vorn am Arm. Seine kurzen Arme reichten nicht bis zum Maul – vielleicht setzte er sie ein, um Termitennester aufzureißen. Auch die kleinen Zähne ohne Schneidekanten weisen auf Insektennahrung hin.

SCHON GEWUSST?

Mononykus hatte große Augen. Das könnte bedeuten, dass er in der kühlen Nacht Insekten jagte, denn dann waren weniger Räuber unterwegs.

Länge: etwa 1 m
Nahrung: Insekten, andere kleine Tiere
Gruppe: Theropoda
Familie: Alvarezsauridae

Mononykus war nah mit *Shuvuuia* verwandt, einem gefiederten Alvarezsauriden. Auch *Mononykus* trug wahrscheinlich Federn.

Entdeckt in: Australien
Lebensraum: Waldgebiete
Wann: vor 112–98 Millionen Jahren
Name bedeutet: Echse aus Muttaburra
Besonderheit: scharfer Schnabel

SELTSAME MISCHUNG

Dieser große, ungewöhnliche australische Ornithopode hatte eine stark aufgewölbte Schnauze (ähnlich zu den Hadrosauriern) und vielleicht einen Daumendorn wie *Iguanodon*. Im Gegensatz zu anderen Ornithopoden waren seine Zähne scherenartig.

AUF ALLEN VIEREN

Muttaburrasaurus war meistens auf vier Beinen unterwegs, aber auf der Flucht konnte er auf den Hinterbeinen rennen.

MUTTABURRASAURUS

PFLANZENFRESSER
UNTERKREIDE
GEFAHRENSTUFE 3

SCHON GEWUSST?

Vielleicht konnte *Muttaburrasaurus* mit einer Kammer in der Nase seine Laute verstärken.

Länge: bis 8 m
Nahrung: zähe Pflanzen
Gruppe: Ornithopoda
Familie: Rhabdodontidae

Die Schnauze war bei den Tieren verschieden stark aufgewölbt. Vielleicht hatten Männchen und Weibchen unterschiedlich geformte Schnauzen.

Entdeckt in: Niger
Lebensraum: Wälder
Wann: vor 121–99 Millionen Jahren
Name bedeutet: Echse aus Niger
Besonderheit: peitschenartiger Schwanz

SCHON GEWUSST?

Trotz des langen Halses fraß *Nigersaurus* vermutlich keine Blätter in den Baumkronen, sondern nur Pflanzen am Boden.

ERSATZZÄHNE

Im Maul von *Nigersaurus* bildeten bis zu neun Zähne übereinander eine Zahnbatterie. Wenn ein oberer Zahn abgenutzt war, übernahm der darunterliegende seine Arbeit. Jeder Zahn war etwa einen Monat lang in Gebrauch, fiel dann aus und wurde durch einen neuen ersetzt.

SCHERENGEBISS

Mehr als 500 Zähne standen im breiten Maul dieses Sauropoden in Reihen. Mit ihnen konnte er wie mit einer Schere Pflanzenteile abschneiden.

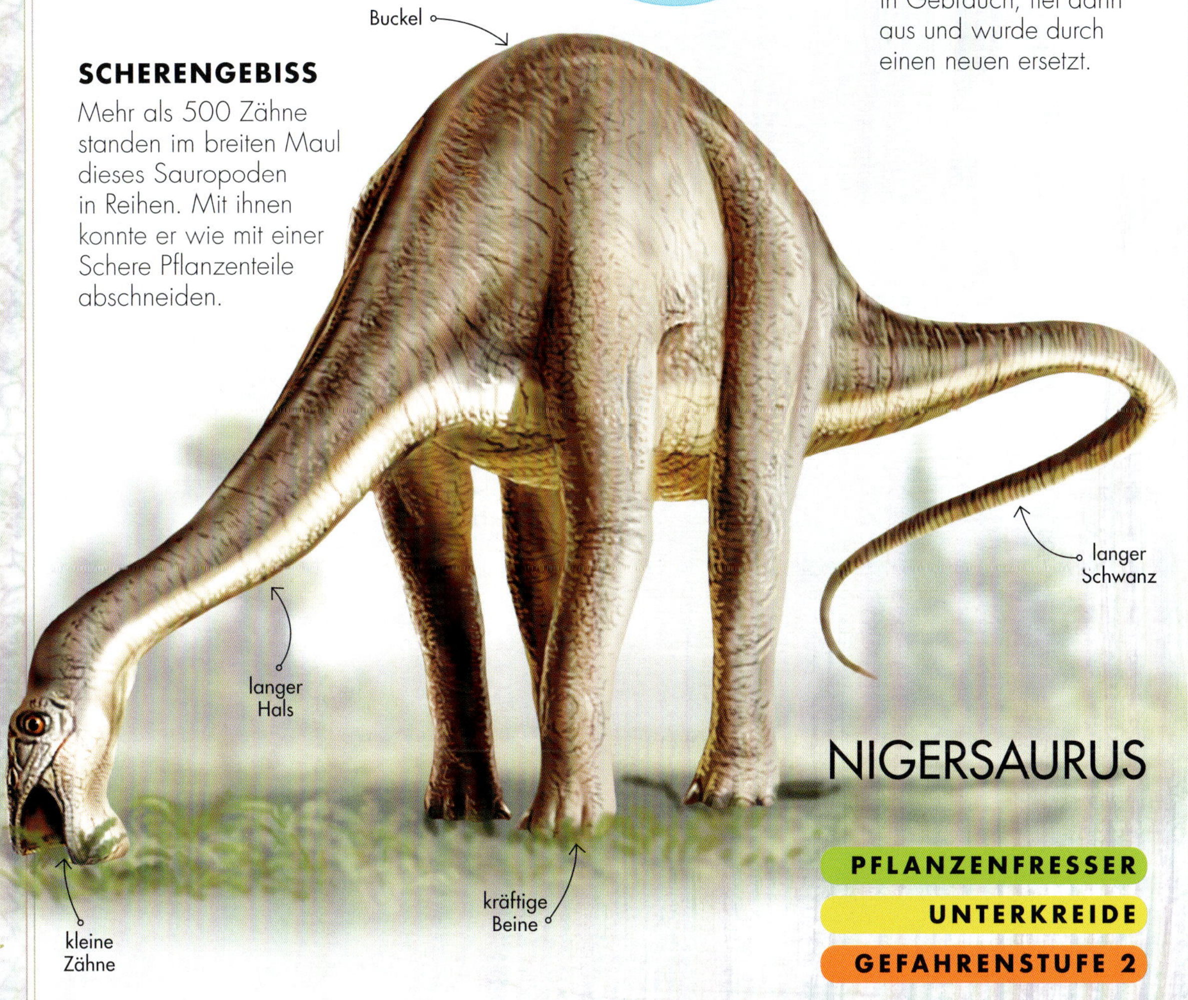

NIGERSAURUS

PFLANZENFRESSER
UNTERKREIDE
GEFAHRENSTUFE 2

Länge: bis 15 m
Nahrung: weiche Pflanzenteile
Gruppe: Sauropodomorpha
Familie: Rebbachisauridae

Für ein *Nigersaurus*-Modell verwendeten Forscher die Fossilien von mehreren Tieren als Vorlage, denn es wurden nur unvollständige Skelette gefunden.

NOMINGIA

Entdeckt in: Mongolei
Lebensraum: Waldgebiete
Wann: vor 72–68 Millionen Jahren
Name bedeutet: aus der Nomingiin-Gobi-Wüste
Besonderheit: große Krallen an den Flügeln

FLEISCHFRESSER
OBERKREIDE
GEFAHRENSTUFE 3

SCHON GEWUSST?
Die Wissenschaft glaubt, dass *Nomingia* auf dem Weg war, sich zu einem flugfähigen Vogel zu entwickeln.

SCHWANZFEDERN

Nomingia besaß ein Pygostyl aus fünf verwachsenen Wirbeln. Vielleicht saß an diesem speziellen Schwanzknochen ein Federfächer, mit dem der Dino balzte, ähnlich wie ein heutiger Pfau, der sein Rad schlägt.

LAUFEN STATT FLIEGEN

Obwohl *Nomingia* Flügel, Federn und ein Pygostyl besaß, war er so schwer, dass er nicht fliegen konnte. Er schlug bei der Jagd mit den Flügeln, um weite Sprünge machen zu können.

Länge: etwa 1–1,8 m
Nahrung: Fleisch
Gruppe: Theropoda
Familie: Oviraptoridae

Nomingia war der erste bekannte Dinosaurier mit einem Pygostyl. Dieses Merkmal ist allen Vögeln gemeinsam. Trotzdem war *Nomingia* ein Dinosaurier und kein Vogel.

Entdeckt in: USA
Lebensraum: Wälder
Wann: vor 156–145 Millionen Jahren
Name bedeutet: Vogelräuber
Besonderheit: flinker Läufer

ORNITHOLESTES

FLEISCHFRESSER
OBERJURA
GEFAHRENSTUFE 2

KAMM AUF DER NASE?

Der gefundene Schädel von *Ornitholestes* deutet auf einen Knochenkamm hin. Doch vermutlich ist dies nur der verschobene Nasenknochen.

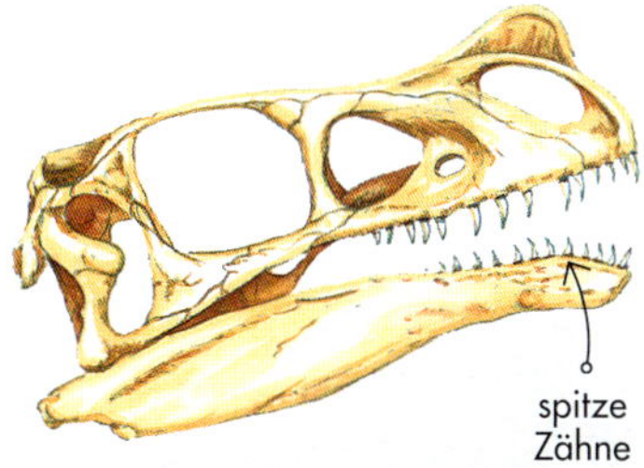

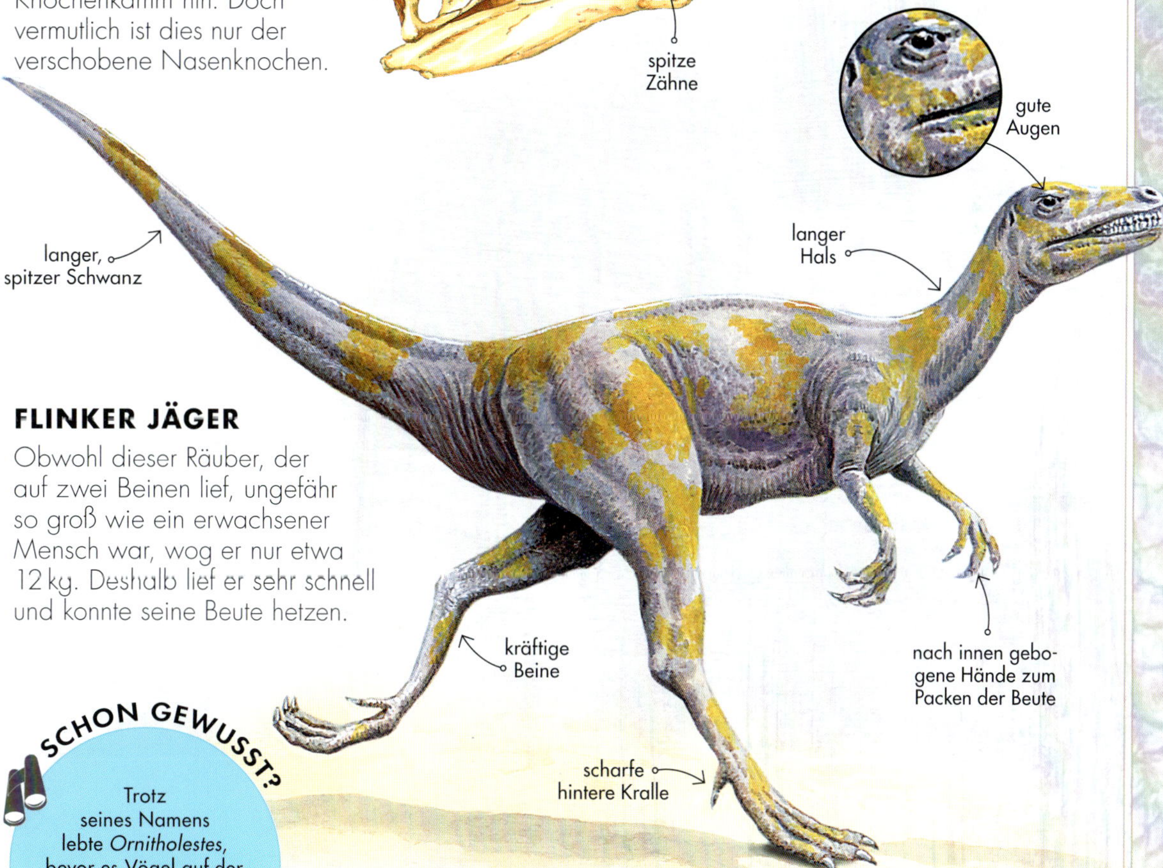

FLINKER JÄGER

Obwohl dieser Räuber, der auf zwei Beinen lief, ungefähr so groß wie ein erwachsener Mensch war, wog er nur etwa 12 kg. Deshalb lief er sehr schnell und konnte seine Beute hetzen.

SCHON GEWUSST?

Trotz seines Namens lebte *Ornitholestes*, bevor es Vögel auf der Erde gab. Er ernährte sich wahrscheinlich von Eidechsen.

Länge: etwa 1,8 m
Nahrung: Fleisch
Gruppe: Theropoda
Familie: unklar

Was wir über *Ornitholestes* wissen, stammt von einem Schädel und Skelett, das man vor mehr als 100 Jahren fand. Seither hat man keine weiteren vollständigen Fossilien entdeckt.

ORYCTODROMEUS

PFLANZENFRESSER

OBERKREIDE

GEFAHRENSTUFE 1

Entdeckt in: USA
Lebensraum: Wälder und Ebenen
Wann: vor 99–94 Millionen Jahren
Name bedeutet: grabender Läufer
Besonderheit: grub Erdbaue

IM ERDBAU

Dieser Dino wog nur etwa 32 kg. Seine Überreste waren die ersten Dinosaurier-Fossilien, die man in einem Erdbau gefunden hat. Es waren zwei Junge und ein erwachsener Dino, die offenbar gemeinsam starben. Das weist darauf hin, dass *Oryctodromeus* sich um seine Jungen gekümmert hat.

SCHON GEWUSST?

Für den kleinen Pflanzenfresser *Oryctodromeus* war der Bau wichtig, um sich vor großen Räubern zu verstecken.

EIN GRABENDER DINO

Die Arme und die Schnauze von *Oryctodromeus* waren an das Graben angepasst, aber nicht so gut wie die von heute lebenden Tieren, die Erdbaue graben.

Länge: etwa 2 m
Nahrung: Blätter, Zweige
Gruppe: Ornithischia
Familie: Ornithopoda

Oryctodromeus teilte seine Baue vielleicht mit anderen Tieren, die in der Kreidezeit unter der Erde lebten, wie zum Beispiel spitzmausähnliche Säugetiere.

Entdeckt in: Niger
Lebensraum: Flussdeltas
Wann: vor 112–110 Millionen Jahren
Name bedeutet: mutige Echse
Besonderheit: auffälliges Rückensegel

OURANOSAURUS

PFLANZENFRESSER

UNTERKREIDE

GEFAHRENSTUFE 2

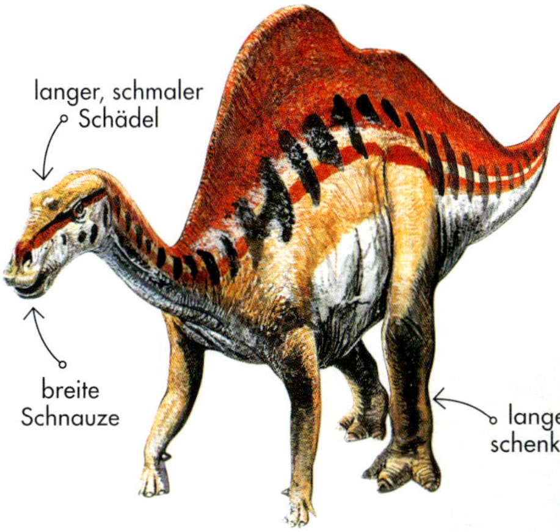

HOHES RÜCKENSEGEL

Dieser Ornithopode trug ein Segel am Rücken, das von Fortsätzen der Wirbelsäule gestützt wurde. Es war zu schwach, um vor Angriffen zu schützen. Vielleicht regulierte es die Körpertemperatur.

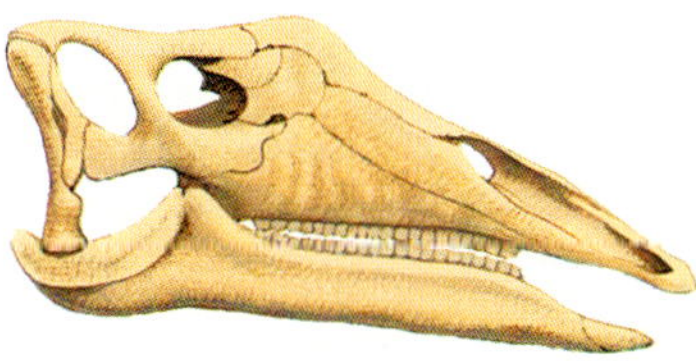

SCHÄDEL

Die 88 Zähne im langen Schädel setzte der Dino auch zur Verteidigung ein.

SCHON GEWUSST?

Es gibt die Theorie, dass die Wirbelfortsätze ein Fettpolster stützten, ähnlich wie beim Buckel eines Bisons.

Länge: bis 8 m
Nahrung: Blätter, Früchte, Samen
Gruppe: Ornithischia
Familie: Iguanodontia

Wenn *Ouranosaurus* im Schatten stand und sein Segel nass war, wurde viel Wärme vom massigen Körper abgestrahlt.

OVIRAPTOR

Entdeckt in: China, Mongolei
Lebensraum: Halbwüsten
Wann: vor 85–75 Millionen Jahren
Name bedeutet: Eierdieb
Besonderheit: schneller Läufer

ALLESFRESSER

OBERKREIDE

GEFAHRENSTUFE 2

KAMM

Dinosaurier-Kämme veränderten sich meist im Laufe des Lebens.

WESSEN EIER?

Oviraptor bedeutet „Eierdieb". Zunächst glaubte die Wissenschaft, der Dino hätte die Eier von *Protoceratops* geklaut. Inzwischen weiß man, dass er sein eigenes Gelege bewachte.

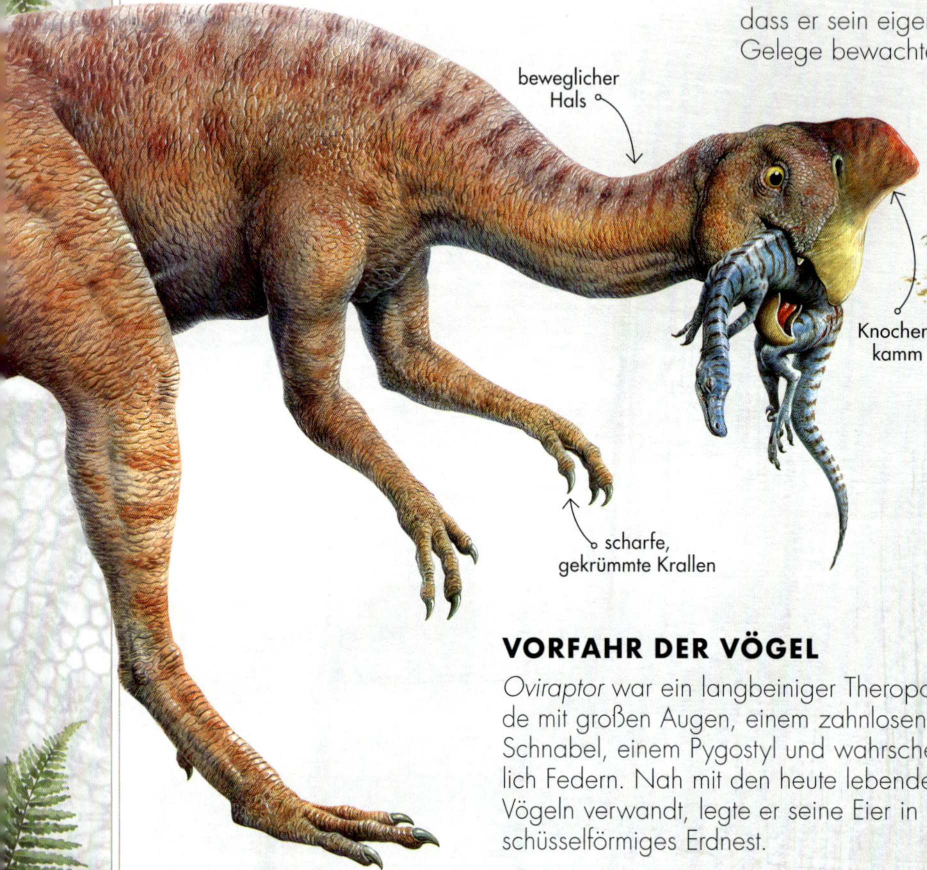

SCHON GEWUSST?

Wenn ein Räuber einer *Oviraptor*-Mutter die Eier klauen wollte, kratzte sie ihn übel oder versetzte ihm einen Tritt.

VORFAHR DER VÖGEL

Oviraptor war ein langbeiniger Theropode mit großen Augen, einem zahnlosen Schnabel, einem Pygostyl und wahrscheinlich Federn. Nah mit den heute lebenden Vögeln verwandt, legte er seine Eier in ein schüsselförmiges Erdnest.

Länge: bis 1,8 m
Nahrung: Fleisch, Früchte
Gruppe: Theropoda
Familie: Oviraptoridae

Obwohl der Dino einem Vogel ähnelte, zeigen zum Beispiel die Anordnung der Beckenknochen und die Stellung der Zehen, dass er ein Dinosaurier war.

Entdeckt in: USA, Kanada
Lebensraum: Wälder
Wann: vor 76–65 Millionen Jahren
Name bedeutet: Dickkopfechse
Besonderheit: rammte andere Tiere

PACHYCEPHALOSAURUS

PFLANZENFRESSER
OBERKREIDE
GEFAHRENSTUFE 2

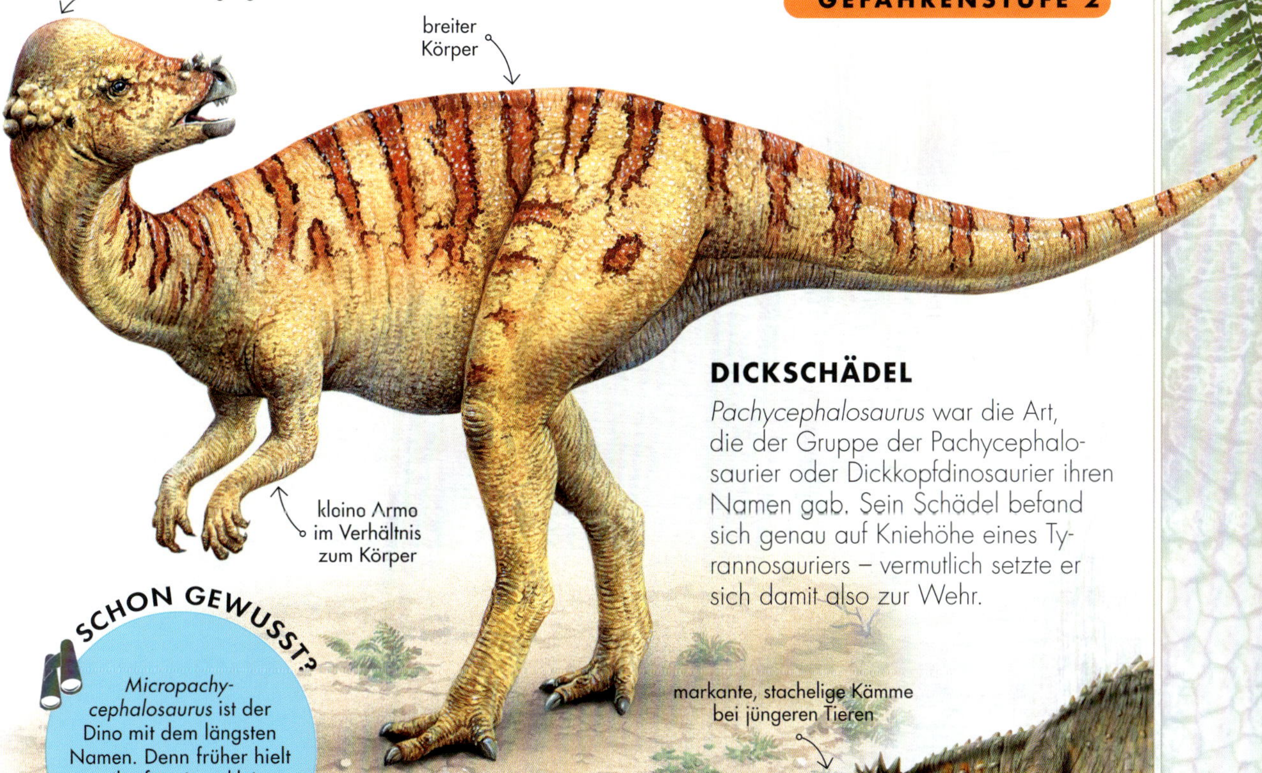

DICKSCHÄDEL

Pachycephalosaurus war die Art, die der Gruppe der Pachycephalosaurier oder Dickkopfdinosaurier ihren Namen gab. Sein Schädel befand sich genau auf Kniehöhe eines Tyrannosauriers – vermutlich setzte er sich damit also zur Wehr.

SCHON GEWUSST?

Micropachycephalosaurus ist der Dino mit dem längsten Namen. Denn früher hielt man ihn für einen kleinen Pachycephalosaurier.

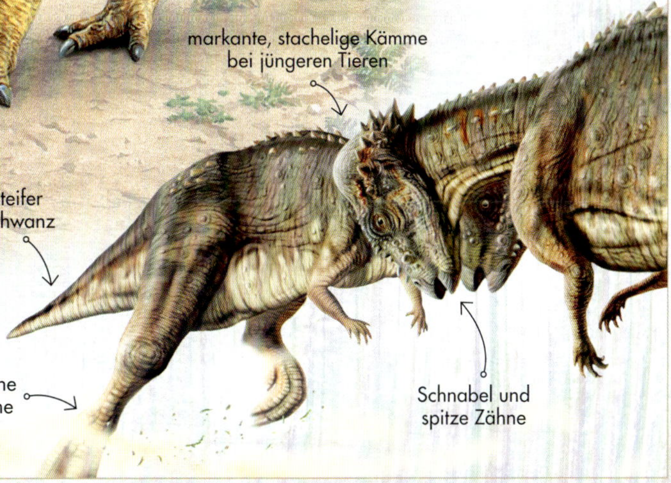

SCHAUKÄMPFE?

Vielleicht rammten die Männchen ihre Köpfe gegeneinander, um die Aufmerksamkeit der Weibchen auf sich zu ziehen.

Länge: etwa 3–5 m
Nahrung: Blätter, Früchte
Gruppe: Pachycephalosauria
Familie: Pachycephalosauridae

Pachycephalosaurus hatte spezielle Halswirbel. Vermutlich dämpften sie die Stöße, wenn der Dino etwas rammte.

DINO-UNTERHALTUNG

Diese Hadrosaurier (Entenschnabeldinosaurier) machten mit ihren langen, hohlen Kämmen tiefe Geräusche, die Herdenmitglieder aus weiter Entfernung hörten. So erkannten sich die Tiere und tauschten Informationen aus, wie: „Achtung, Räuber in Sicht!"

Entdeckt in: Kanada, USA
Lebensraum: Waldgebiete
Wann: vor 76–74 Millionen Jahren
Name bedeutet: ähnlich wie eine Kammechse
Besonderheit: lebte in großen Herden

SCHON GEWUSST?

Früher dachte man, dass der Kamm eine Art Schnorchel war, mit dem das Tier unter Wasser schwimmen konnte. Aber dem Kamm fehlten Öffnungen zum Atmen.

DIE RUFE

Durch den Kamm wurden mit der Atemluft alphornartige Laute erzeugt.

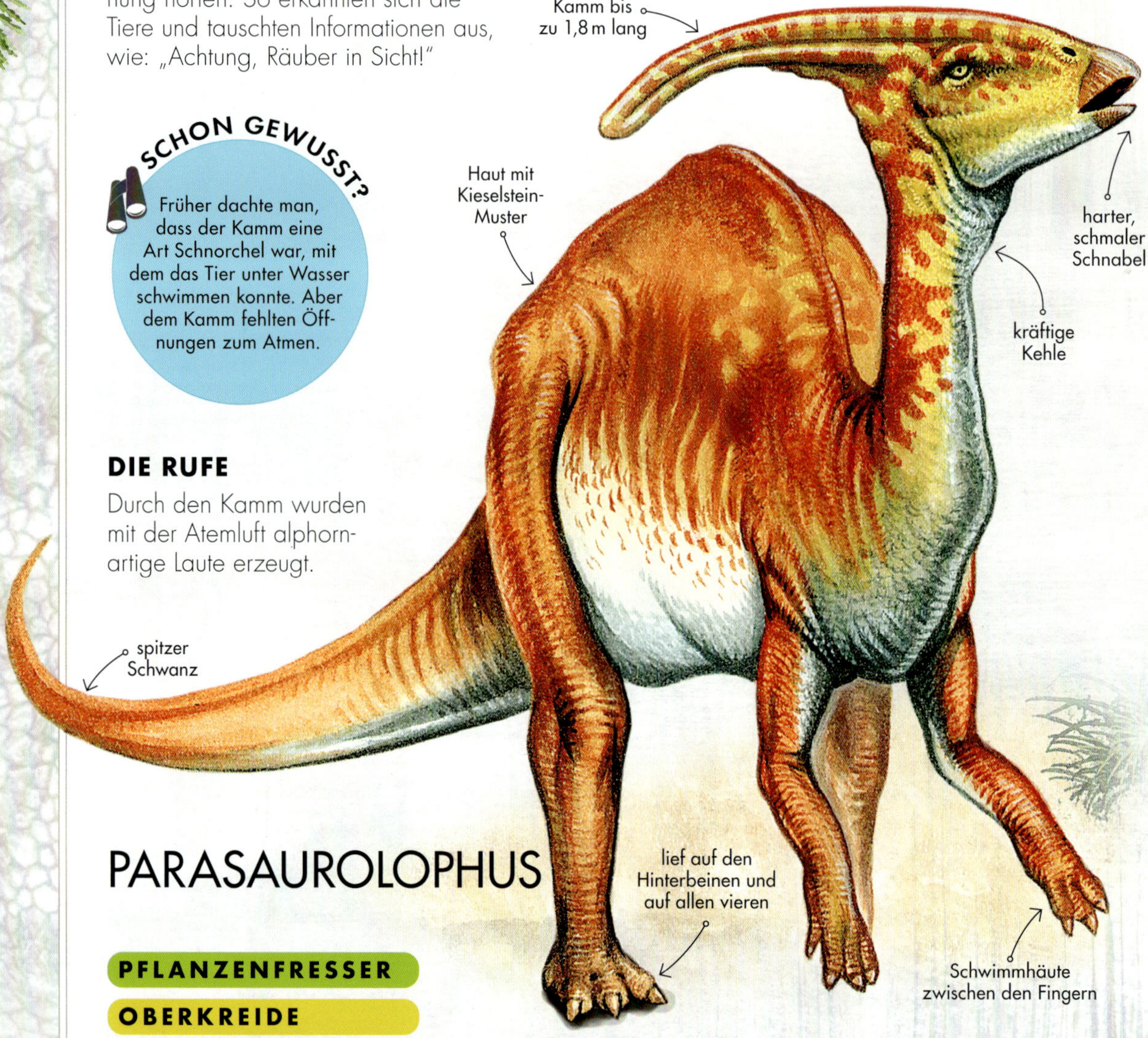

PARASAUROLOPHUS

PFLANZENFRESSER

OBERKREIDE

GEFAHRENSTUFE 2

Länge: bis 11 m
Nahrung: Kiefernnadeln, Blätter
Gruppe: Ornithischia
Familie: Hadrosauridae

Parasaurolophus wurde 1920 in Alberta (Kanada) entdeckt. Bisher kennt man drei unterschiedliche Arten.

PELECANIMIMUS

Entdeckt in: Spanien
Lebensraum: Ebenen und Seen
Wann: vor 133–130 Millionen Jahren
Name bedeutet: Pelikannachahmer
Besonderheit: viele Zähne

FLEISCHFRESSER
UNTERKREIDE
GEFAHRENSTUFE 2

SCHON GEWUSST?

Pelecanimimus hatte mehr Zähne als alle anderen Theropoden, die bisher entdeckt wurden, und sogar mehr als *Tyrannosaurus rex*.

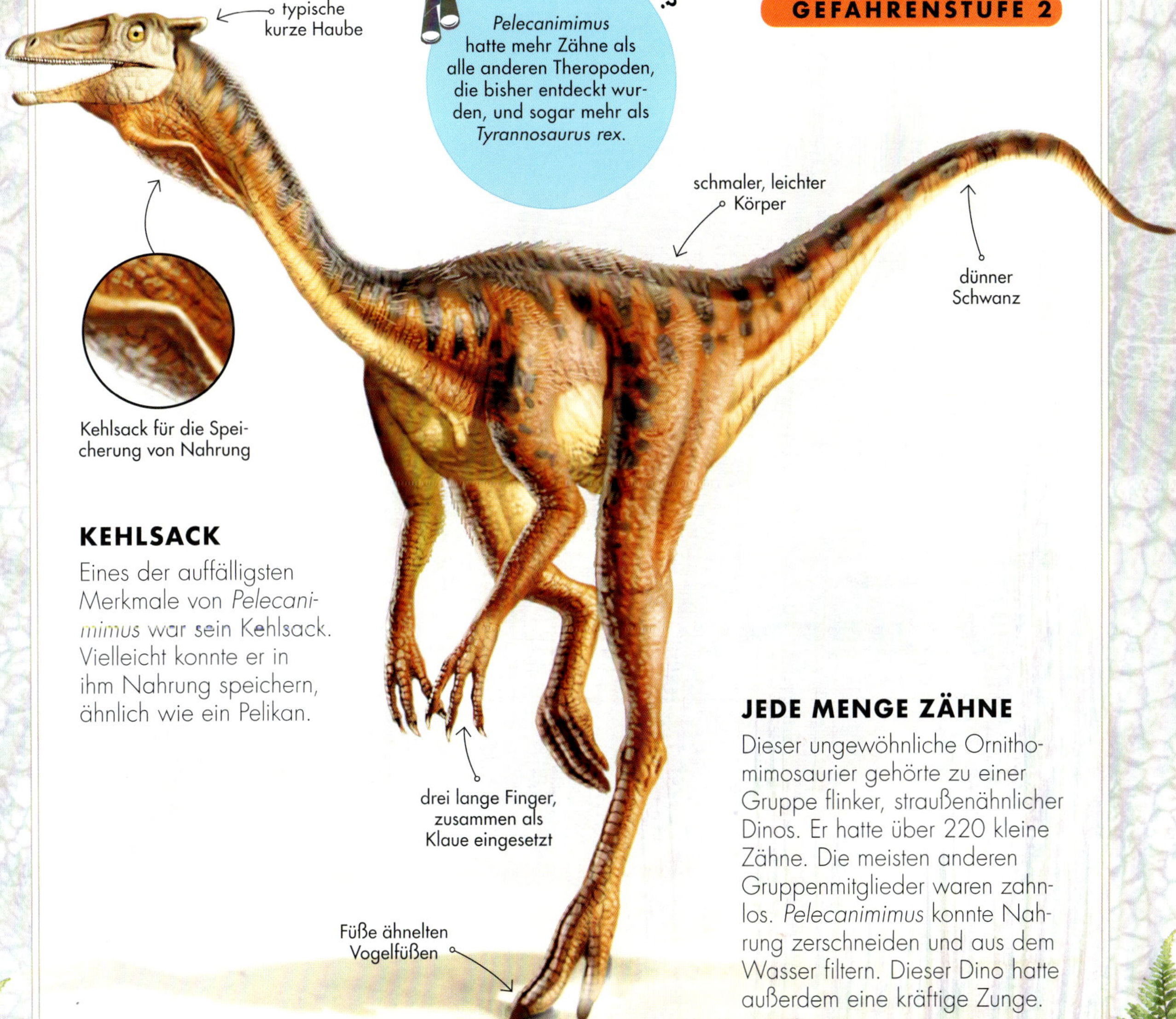

Kehlsack für die Speicherung von Nahrung

KEHLSACK

Eines der auffälligsten Merkmale von *Pelecanimimus* war sein Kehlsack. Vielleicht konnte er in ihm Nahrung speichern, ähnlich wie ein Pelikan.

JEDE MENGE ZÄHNE

Dieser ungewöhnliche Ornithomimosaurier gehörte zu einer Gruppe flinker, straußenähnlicher Dinos. Er hatte über 220 kleine Zähne. Die meisten anderen Gruppenmitglieder waren zahnlos. *Pelecanimimus* konnte Nahrung zerschneiden und aus dem Wasser filtern. Dieser Dino hatte außerdem eine kräftige Zunge.

Länge: bis 2,5 m
Nahrung: Fleisch, Fisch
Gruppe: Theropoda
Familie: Ornithomimosauria

Die Fossilien wurden 1993 in Spanien entdeckt. Es sind ein Schädel, große Teile des Skeletts und Abdrücke der Haut.

Entdeckt in: Deutschland, Grönland, Norwegen
Lebensraum: Schwemmländer
Wann: vor 214–204 Millionen Jahren
Name bedeutet: breite Echse
Besonderheit: sehr groß

SCHON GEWUSST?

Der Daumendorn war so groß, dass *Plateosaurus* mit ihm Angreifer abwehren konnte. Wahrscheinlich trug er ihn beim Laufen erhoben.

PLATEOSAURUS

ALLESFRESSER

OBERTRIAS

GEFAHRENSTUFE 2

GROSSER KERL

Plateosaurus gehörte zu den Prosauropoden, also zu den ersten riesigen Sauropoden. Seine Zähne waren an Pflanzennahrung angepasst, aber so dick, dass er gelegentlich auch kleine Tiere verspeisen konnte. Die Augen wiesen zu den Seiten und nicht nach vorn. Deshalb hatte er einen Rundumblick und erspähte Feinde rechtzeitig.

Länge: 5–10 m
Nahrung: Blätter, kleine Tiere
Gruppe: Prosauropoda
Familie: Plateosauridae

Plateosaurus konnte wegen der Fingerkrallen mit der Hand nicht flach auftreten. Er muss sich auf den Hinterbeinen fortbewegt haben.

Entdeckt in: Kanada, USA
Lebensraum: Sümpfe und Schwemmländer
Wann: vor 77–75 Millionen Jahren
Name bedeutet: Vor-*Saurolophus* (der Kammechse)
Besonderheit: großes Herdentier

PROSAUROLOPHUS

SCHON GEWUSST?

Vielleicht hatten *Prosaurolophus* und *Saurolophus* aufblasbare Säcke neben den Nasenlöchern, mit denen sie ihre Laute verstärken konnten.

ENTENSCHNABEL

Von diesem Entenschnabeldinosaurier kennt man mehrere vollständige Schädel und Skelette. Er trug einen Stirnkamm und war nah mit *Saurolophus* verwandt.

SOZIALES VERHALTEN

Fossilien weisen darauf hin, dass sich diese Dinos während Trockenzeiten bei Wasserlöchern versammelten. Gab es eine extreme Dürre, verdursteten sie wahrscheinlich gemeinsam.

PFLANZENFRESSER

OBERKREIDE

GEFAHRENSTUFE 2

Länge: bis 9 m
Nahrung: Blätter, Zweige
Gruppe: Ornithopoda
Familie: Hadrosauridae

Prosaurolophus pflückte mit seinem Schnabel Pflanzenteile ab. Im Maul saßen Hunderte Zähne in Batterien, sodass abgenutzte ständig ersetzt wurden.

PROTOCERATOPS

Entdeckt in: China, Mongolei
Lebensraum: offene Waldgebiete
Wann: vor 86–71 Millionen Jahren
Name bedeutet: erstes Horngesicht
Besonderheit: spitzer Schnabel

PFLANZENFRESSER
OBERKREIDE
GEFAHRENSTUFE 2

NACKENSCHILD

Der Dino hatte einen gut entwickelten Nackenschild, aber keine langen Hörner.

SCHNABEL

Protoceratops hatte einen scharfen Schnabel und scherenartige Zähne.

ERBITTERTER KAMPF

In dieser Darstellung kämpft ein *Protoceratops* mit einem *Velociraptor* und beißt ihn in den Arm. Dabei gehen Dino-Eier zu Bruch.

SCHON GEWUSST?

Man hat Fossilien von einem *Velociraptor* und einem *Protoceratops* gefunden, die bei einem tödlichen Kampf gestorben und in dieser Haltung versteinert sind.

Länge: bis 1,8 m
Nahrung: Pflanzen
Gruppe: Ceratopsia
Familie: Protoceratopsidae

Von diesem Horndinosaurier kennt man Hunderte Schädel und viele Skelette. In der Wüste Gobi fand man so viele Exemplare, dass man die Entwicklung vom Ei bis zum erwachsenen Tier gut nachvollziehen kann.

Entdeckt in: China, Mongolei
Lebensraum: Waldgebiete
Wann: vor 120 Millionen Jahren
Name bedeutet: Papageienechse
Besonderheit: scharfe Krallen

VIELE ARTEN

Der kleine Horndinosaurier konnte auf den Hinterbeinen und auf allen vieren laufen. Er hatte einen Papageienschnabel und rupfte mit seinen Zähnen Pflanzen ab, kaute sie aber nicht. Man fand viele Fossilien und unterscheidet nach ihren Schädelformen bis zu 14 verschiedene Arten.

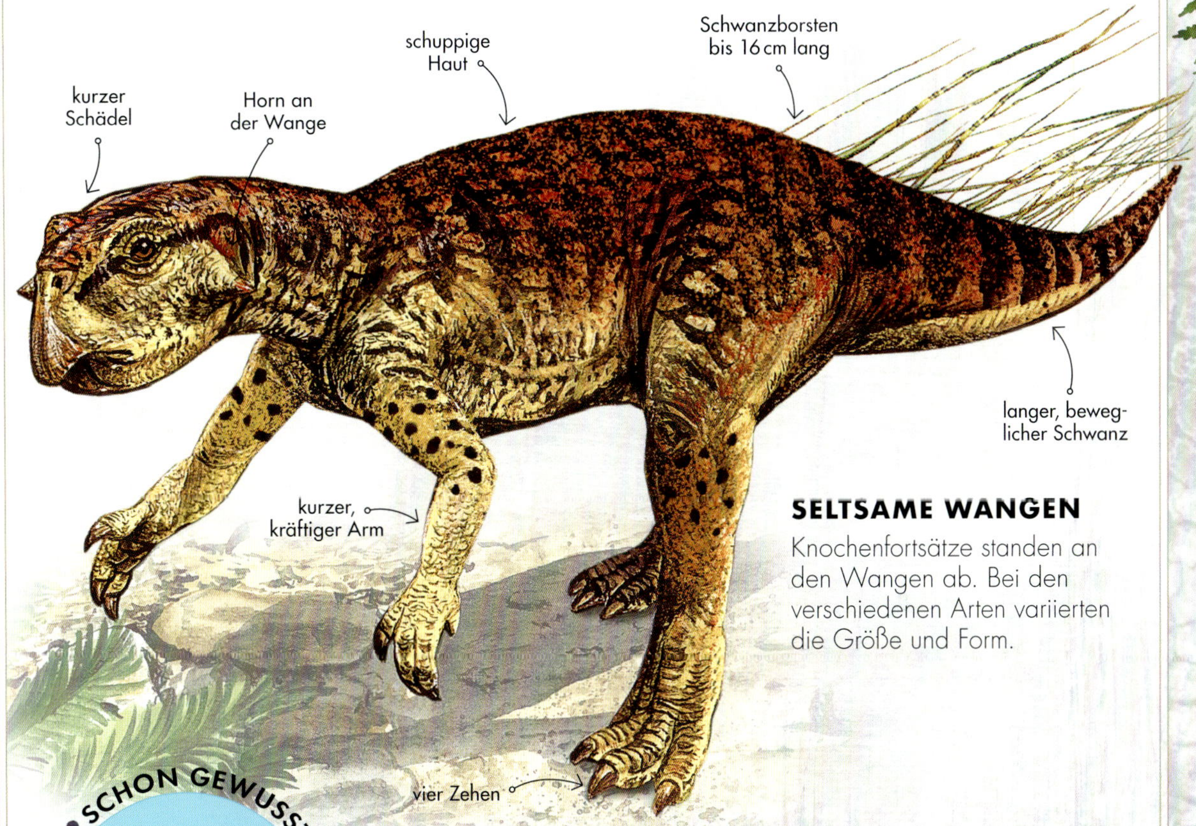

SELTSAME WANGEN

Knochenfortsätze standen an den Wangen ab. Bei den verschiedenen Arten variierten die Größe und Form.

PSITTACOSAURUS

PFLANZENFRESSER
UNTERKREIDE
GEFAHRENSTUFE 1

SCHON GEWUSST?

Bisher hat man nur ein *Psittacosaurus*-Fossil mit Schwanzborsten gefunden. Wahrscheinlich dienten sie zum Schmuck.

Länge: bis 1,8 m
Nahrung: zähe Pflanzen
Gruppe: Ceratopsia
Familie: Psittacosauridae

Man hat mehr als 400 Fossilien von *Psittacosaurus* freigelegt. Ein erwachsenes Tier fand man zusammen mit 30 Jungen!

KALTER LEBENSRAUM

Der kleine Pflanzenfresser lebte auf dem Großkontinent Gondwana am südlichen Polarkreis. Im Winter ging die Sonne mehrere Monate lang nicht auf. Heute gehört die Region, in der man die Fossilien fand, zu Australien.

Entdeckt in: Australien
Lebensraum: Waldgebiete
Wann: vor 115 Millionen Jahren
Name bedeutet: Qantas-Echse
Besonderheit: unglaublich gute Augen

SCHON GEWUSST?

Qantassaurus fraß Farne, die er mit seinen muskulösen Wangen und den gefurchten Zähnen zermalmte.

ANPASSUNGEN

Mit seinen großen Augen konnte *Qantassaurus* in der Dunkelheit gut sehen. Er war vermutlich gleichwarm und während des ganzen Jahres aktiv.

QANTASSAURUS

PFLANZENFRESSER
UNTERKREIDE
GEFAHRENSTUFE 2

Länge: bis 1,8 m
Nahrung: Pflanzen
Gruppe: Ornithischia
Familie: Ornithopoda

Qantassaurus ist nach der australischen Fluggesellschaft Qantas benannt, die Dinosaurier-Forschung finanziell unterstützte.

Entdeckt in: Niger
Lebensraum: Waldgebiete
Wann: vor 95 Millionen Jahren
Name bedeutet: gerunzeltes Gesicht
Besonderheit: ernährte sich von toten Tieren

RUGOPS

FLEISCHFRESSER
MITTELKREIDE
GEFAHRENSTUFE 3

AUFFÄLLIG

Auf der Schnauze und zwischen den Augen saßen viele spitze Knochen. Sie schreckten wahrscheinlich Rivalen ab, wurden aber wohl nicht bei Kämpfen eingesetzt.

EIN AASFRESSER

Rugops hatte einen kurzen, breiten Schädel. Seine Kiefer waren zu schwach, um Beute zu töten. Er fraß wohl tote Dinosaurier und anderes Aas.

SCHON GEWUSST?

Rugops sah zwar ganz schön furchterregend aus, aber er hatte kleine Zähne und kurze Arme.

Länge: bis 4,5 m
Nahrung: Fleisch
Gruppe: Theropoda
Familie: Abelisauridae

Bisher wurde nur ein einziger Schädel von *Rugops* entdeckt. Man schätzt, dass das Tier etwa 500 kg wog.

SALTASAURUS

PFLANZENFRESSER

OBERKREIDE

GEFAHRENSTUFE 2

Entdeckt in: Argentinien, Uruguay
Lebensraum: Tiefländer
Wann: vor 70–65 Millionen Jahren
Name bedeutet: Echse aus Salta
Besonderheit: leicht gepanzerter Rücken

GEPANZERT

Die Knochenschilde am Rücken waren klein, aber wenn ein Theropode hineinbiss, konnten seine Zähne trotzdem abbrechen.

EIN SAUROPODE

Dieser untersetzte Dino lebte in der Oberkreide im heutigen Südamerika. Von den Sauropoden, die man kennt, gehörte er zu den ersten mit Hautknochenplatten beiderseits der Wirbelsäule.

SCHON GEWUSST?

Die Nasenlöcher von *Saltasaurus* befanden sich hoch oben an der Schnauze. Ein weiteres Merkmal waren seine vielen Zähne.

Länge: bis 12 m
Nahrung: Farne, Blätter
Gruppe: Sauropodomorpha
Familie: Saltasauridae

Weil sich im Hals verknöcherte Sehnen befanden, konnte der Dino seinen Kopf nur auf Schulterhöhe heben. Er weidete Farne und herabhängende Äste ab.

Entdeckt in: Kanada, Mongolei
Lebensraum: Wälder
Wann: vor 69 Millionen Jahren
Name bedeutet: Kammechse
Besonderheit: sehr groß

SAUROLOPHUS

PFLANZENFRESSER

OBERKREIDE

GEFAHRENSTUFE 2

LAUTE RUFE

Dieser Entenschnabeldinosaurier konnte auf zwei und vier Beinen laufen. Am Hinterkopf stand ein Knochenkamm ab, der vielleicht ein Hautsegel aufspannte. Möglicherweise hatte er auch einen aufblasbaren Hautsack auf der Nase, mit dem er Laute hervorbrachte.

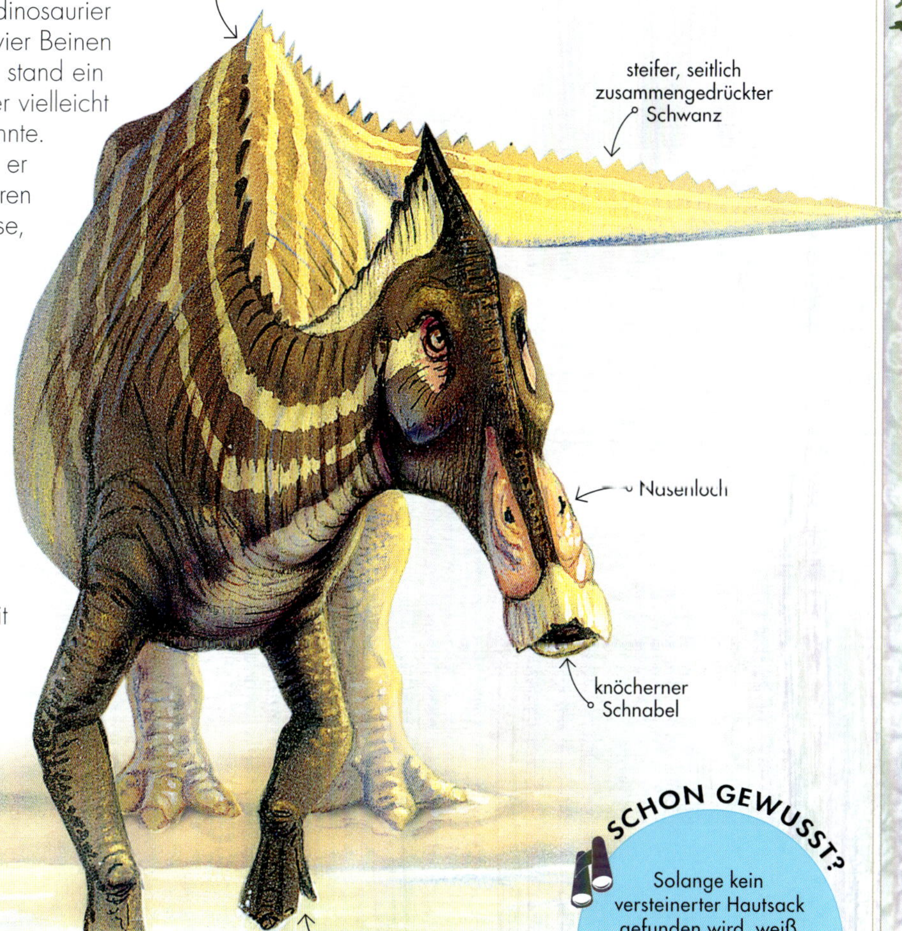

GRÜNFUTTER

Hinter dem Schnabel saßen viele Zähne, mit denen das Tier zähe Pflanzen zermalmte.

SCHON GEWUSST?

Solange kein versteinerter Hautsack gefunden wird, weiß man nicht genau, wie und welche Laute *Saurolophus* hervorbringen konnte.

Länge: 10–12 m
Nahrung: Farne, Kiefernnadeln
Gruppe: Ornithopoda
Familie: Hadrosauridae

Entenschnabeldinosaurier wie *Saurolophus* gehörten zu den größten Dinos der Kreidezeit. Sie wurden von Tyrannosauriern und anderen Theropoden gejagt.

SCELIDOSAURUS

Entdeckt in: England
Lebensraum: Waldgebiete
Wann: vor 206–191 Millionen Jahren
Name bedeutet: Rippenechse
Besonderheit: kurz, untersetzt und stark

PFLANZENFRESSER

UNTERJURA

GEFAHRENSTUFE 2

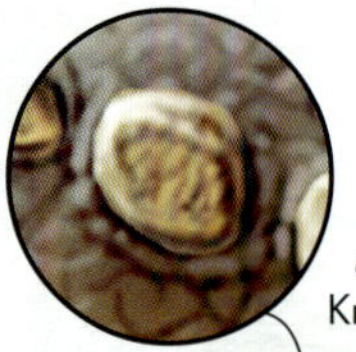

SCHON GEWUSST?

Richard Owen, der auch den Namen „Dinosaurier" einführte, gab diesem Dino 1842 seinen wissenschaftlichen Namen.

ERSTER PANZER

Scelidosaurus gehörte zu den ersten Dinosauriern, die einen Panzer besaßen.

KNOCHENPLATTEN

Verknöcherte Platten bildeten am Körper und Schwanz parallele Reihen. Die Hinterbeine dieses Pflanzenfressers waren länger als die Vorderbeine.

Länge: bis 4 m
Nahrung: Pflanzen
Gruppe: Ornithischia
Familie: Scelidosauridae

Ein Skelett von *Scelidosaurus* fand man in den Kreidefelsen im englischen Dorset. Es ist eines der vollständigsten Dinosaurier-Fossilien aus Großbritannien.

Entdeckt in: Italien
Lebensraum: Lagunen
Wann: vor 120–110 Millionen Jahren
Name bedeutet: Scipios Kralle
Besonderheit: schnell und wendig

SCIPIONYX

FLEISCHFRESSER
UNTERKREIDE
GEFAHRENSTUFE 2

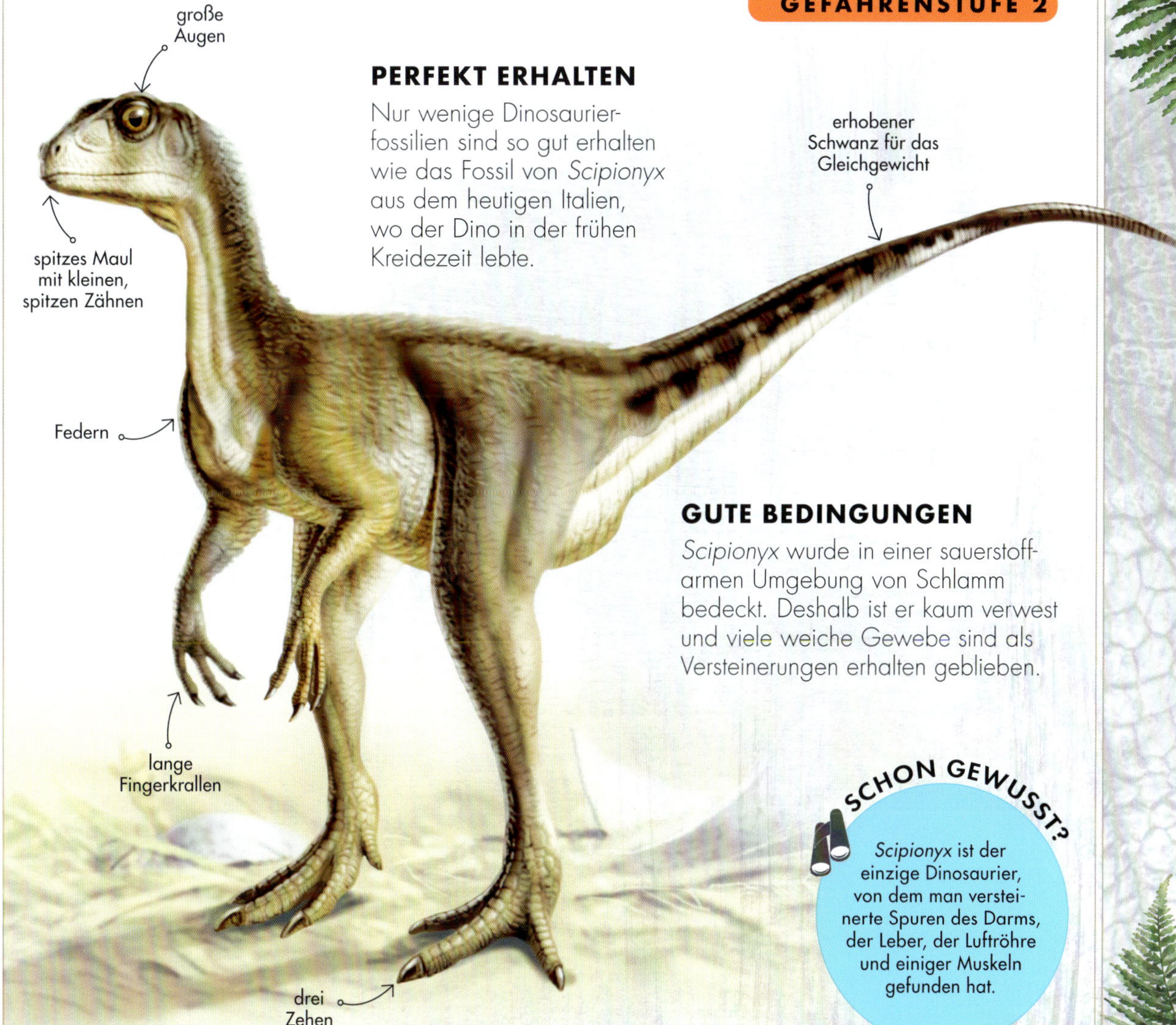

PERFEKT ERHALTEN

Nur wenige Dinosaurierfossilien sind so gut erhalten wie das Fossil von *Scipionyx* aus dem heutigen Italien, wo der Dino in der frühen Kreidezeit lebte.

GUTE BEDINGUNGEN

Scipionyx wurde in einer sauerstoffarmen Umgebung von Schlamm bedeckt. Deshalb ist er kaum verwest und viele weiche Gewebe sind als Versteinerungen erhalten geblieben.

SCHON GEWUSST?

Scipionyx ist der einzige Dinosaurier, von dem man versteinerte Spuren des Darms, der Leber, der Luftröhre und einiger Muskeln gefunden hat.

Länge: bis 1,8 m
Nahrung: Fleisch, Fische
Gruppe: Theropoda
Familie: Compsognathidae

Vermutlich stammt das einzige bekannte Fossil von *Scipionyx* von einem Jungtier. Außer dieser Versteinerung hat man bisher in Italien nur wenige Dinosaurier-Fossilien gefunden.

SCUTELLOSAURUS

Entdeckt in: USA
Lebensraum: Waldgebiete
Wann: vor 205–202 Millionen Jahren
Name bedeutet: kleine Schildechse
Besonderheit: gut gepanzert

PFLANZENFRESSER
UNTERJURA
GEFAHRENSTUFE 1

UNGEWÖHNLICH

Scutellosaurus war ein früher Vogelbeckendinosaurier. Spätere Dinos dieses Typs waren größer und bewegten sich auf allen vieren. *Scutellosaurus* war nur etwa so groß wie ein Hund und lief auf den Hinterbeinen.

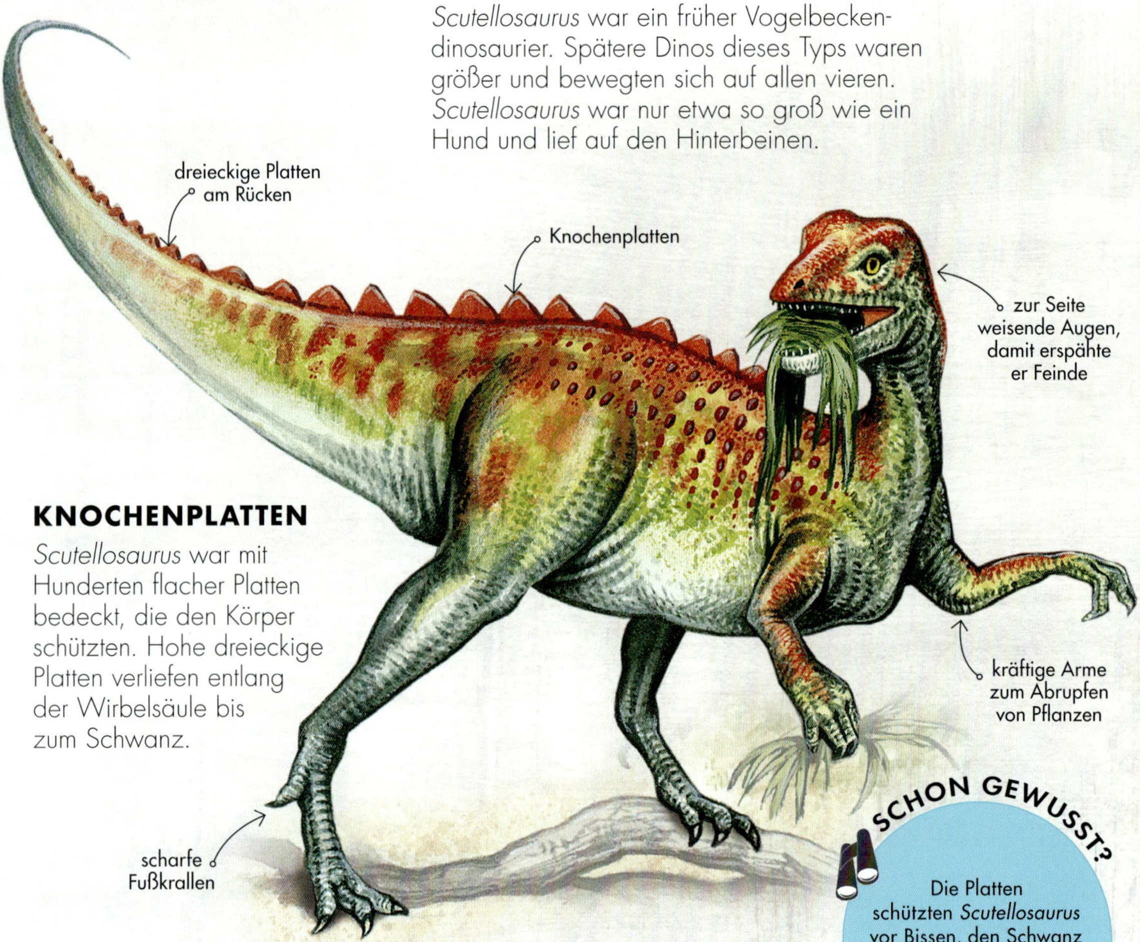

KNOCHENPLATTEN

Scutellosaurus war mit Hunderten flacher Platten bedeckt, die den Körper schützten. Hohe dreieckige Platten verliefen entlang der Wirbelsäule bis zum Schwanz.

SCHON GEWUSST?

Die Platten schützten *Scutellosaurus* vor Bissen, den Schwanz konnte er wie eine Peitsche schwingen.

Länge: etwa 1,2 m
Nahrung: Pflanzen
Gruppe: Ornithischia
Familie: Thyreophora

Scutellosaurus war einer der ersten Ankylosaurier und ein Vorfahr viel größerer Arten wie *Stegosaurus* und *Ankylosaurus*.

SEGNOSAURUS

Entdeckt in: Mongolei
Lebensraum: Waldgebiete
Wann: vor 97–88 Millionen Jahren
Name bedeutet: langsame Echse
Besonderheit: lange Krallen

FLEISCHFRESSER

OBERKREIDE

GEFAHRENSTUFE 3

SONDERBAR

Segnosaurus war ein Dino mit einer seltsamen Mischung unterschiedlicher Merkmale. Der schmale Schnabel erinnerte an einen Prosauropoden, aber seine Zähne waren Theropodenzähne.

SEITAAD

Entdeckt in: USA
Lebensraum: Ebenen in der Wüste
Wann: vor 201–196 Millionen Jahren
Name bedeutet: mythologisches Sandmonster
Besonderheit: große Daumenkralle

KRÄFTIGE BEINE

Anders als seine Sauropoden-Nachfahren konnte dieser Dinosaurier auf den Hinterbeinen laufen. Er suchte in der Wüste zwischen Sanddünen nach essbaren Pflanzen.

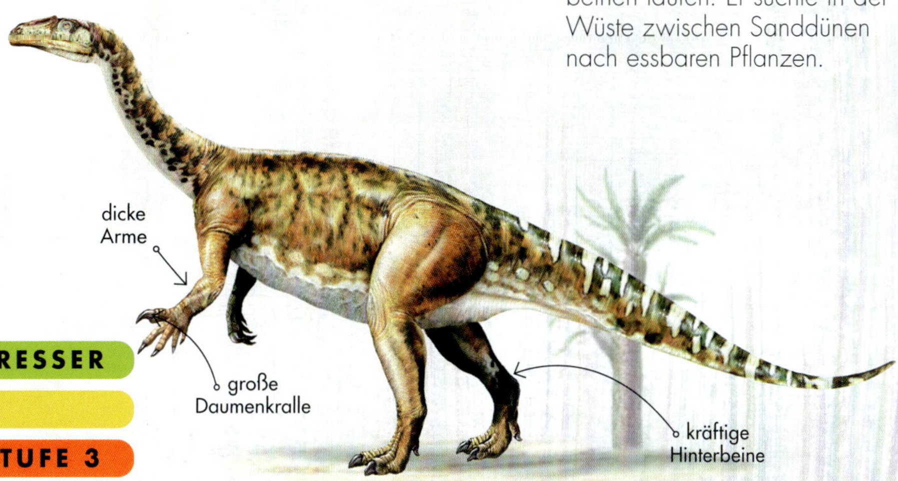

PFLANZENFRESSER

UNTERJURA

GEFAHRENSTUFE 3

Länge: 5–6 m (geschätzt)
Nahrung: Fleisch
Gruppe: Theropoda
Familie: Therizinosauridae

Länge: etwa 4 m
Nahrung: Pflanzen
Gruppe: Sauropodomorpha
Familie: Massospondylidae

SHUNOSAURUS

PFLANZENFRESSER

MITTELJURA

GEFAHRENSTUFE 3

Entdeckt in: China
Lebensraum: Ebenen
Wann: vor 170–160 Millionen Jahren
Name bedeutet: Echse aus Shu
Besonderheit: gefährlicher Schwanz

KNOCHENKEULE

Shunosaurus verteidigte sich mit seiner großen Keule am Schwanzende gegen Feinde.

SCHON GEWUSST?

Man kennt keinen anderen Sauropoden, der so viele Zähne hatte wie *Shunosaurus*.

VORFAHR DER SAUROPODEN

Diese frühen, ursprünglichen Sauropoden wanderten in großen Herden über weite Ebenen. Im Vergleich zu späteren Sauropoden hatten sie kurze Hälse.

Länge: bis 10 m
Nahrung: Pflanzen
Gruppe: Saurischia
Familie: Cetiosauridae

In China wurden mehr als 20 fast vollständige Skelette von *Shunosaurus* freigelegt, deshalb gehört er zu den am besten erforschten Sauropoden.

SHUVUUIA

Entdeckt in: Mongolei
Lebensraum: Wälder
Wann: vor 81–75 Millionen Jahren
Name bedeutet: Vogel
Besonderheit: sehr klein

FLEISCHFRESSER
OBERKREIDE
GEFAHRENSTUFE 1

KLEIN, ABER OHO!

Die Arme des kleinen Dinos waren kurz, aber kräftig. Er öffnete mit ihnen wahrscheinlich Insektennester. Seinen Oberkiefer konnte er unabhängig vom restlichen Kopf bewegen. Dieses Merkmal kommt auch bei Vögeln vor.

KEINE KONKURRENZ

Shuvuuia lebte in denselben Gebieten wie der Theropode *Velociraptor*, aber die beiden machten sich die Nahrung nicht streitig.

SCHON GEWUSST?

Shuvuuia war ein Leichtgewicht mit hohlen Knochen. Deshalb konnte er schnell laufen, aber keine großen Tiere erlegen.

Länge: etwa 60 cm
Nahrung: Fleisch
Gruppe: Theropoda
Familie: Alvarezsauridae

Bisher hat man in der Wüste Gobi in der Mongolei zwei Schädel und einige Knochen von *Shuvuuia* entdeckt.

SCHON GEWUSST?

Von kaum einem anderen Dinosaurier als *Sinocalliopteryx* weiß man so genau, was er gefressen hat.

Entdeckt in: China
Lebensraum: Ebenen
Wann: vor 125 Millionen Jahren
Name bedeutet: wundervolle chin. Feder
Besonderheit: der Größte seiner Familie

VERWANDTSCHAFT

Der Dino lief auf zwei Beinen und war mit *Huaxiagnathus* verwandt, einem etwa halb so großen chinesischen Dinosaurier. *Sinocalliopteryx* war mit haarähnlichen Federn bedeckt.

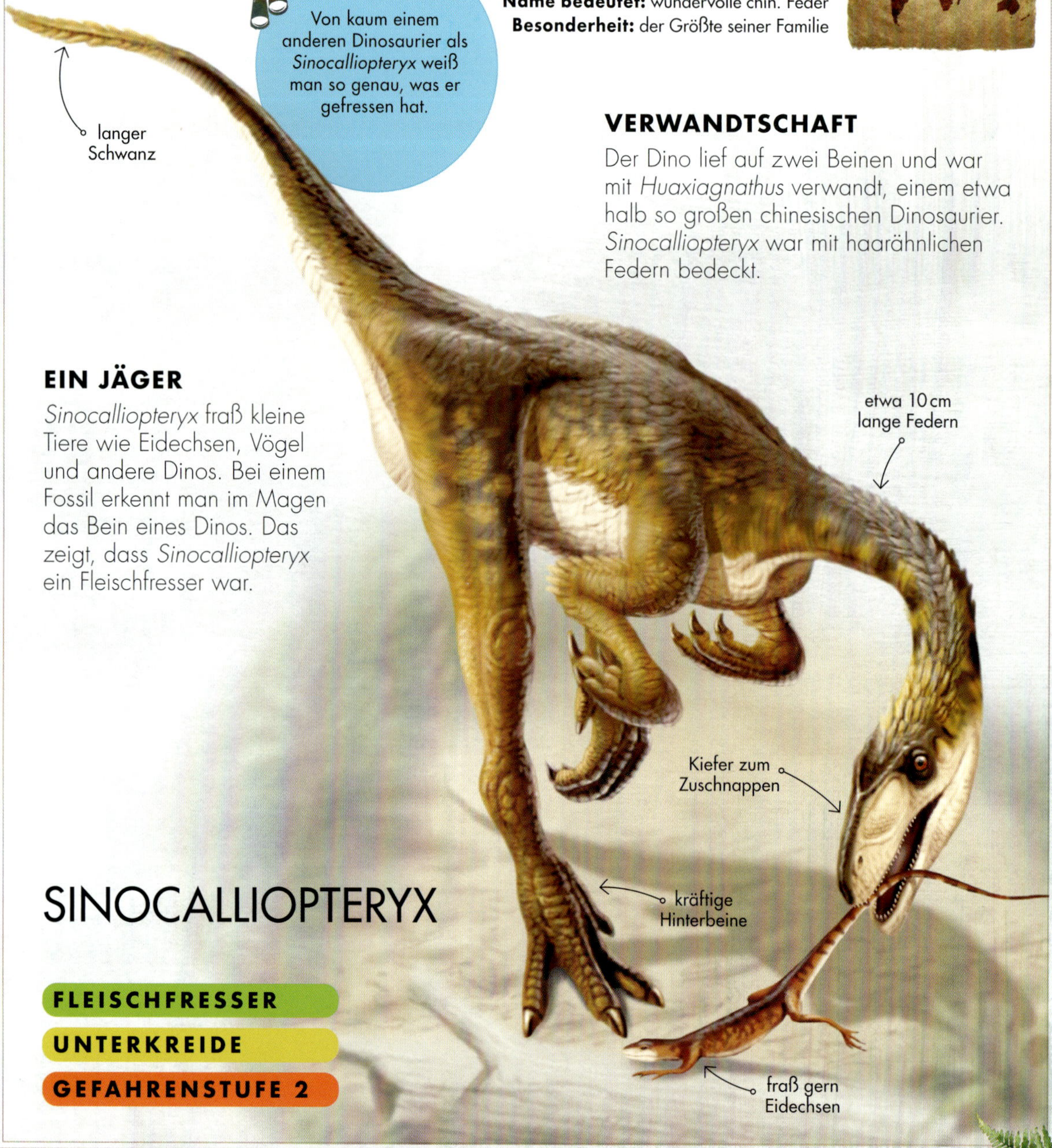

EIN JÄGER

Sinocalliopteryx fraß kleine Tiere wie Eidechsen, Vögel und andere Dinos. Bei einem Fossil erkennt man im Magen das Bein eines Dinos. Das zeigt, dass *Sinocalliopteryx* ein Fleischfresser war.

SINOCALLIOPTERYX

FLEISCHFRESSER

UNTERKREIDE

GEFAHRENSTUFE 2

Länge: etwa 2,5 m
Nahrung: Fleisch
Gruppe: Theropoda
Familie: Compsognathidae

Man glaubt, dass sich *Sinocalliopteryx* an seine Beute herangepirscht hat, ähnlich wie eine Katze. Bei einem Fossil erkennt man im Magen Überreste von zwei Urvögeln.

Entdeckt in: China
Lebensraum: Wälder
Wann: vor 124–120 Millionen Jahren
Name bedeutet: chinesische Vogelechse
Besonderheit: lange, scharfe Krallen

SINORNITHOSAURUS

FLEISCHFRESSER
UNTERKREIDE
GEFAHRENSTUFE 3

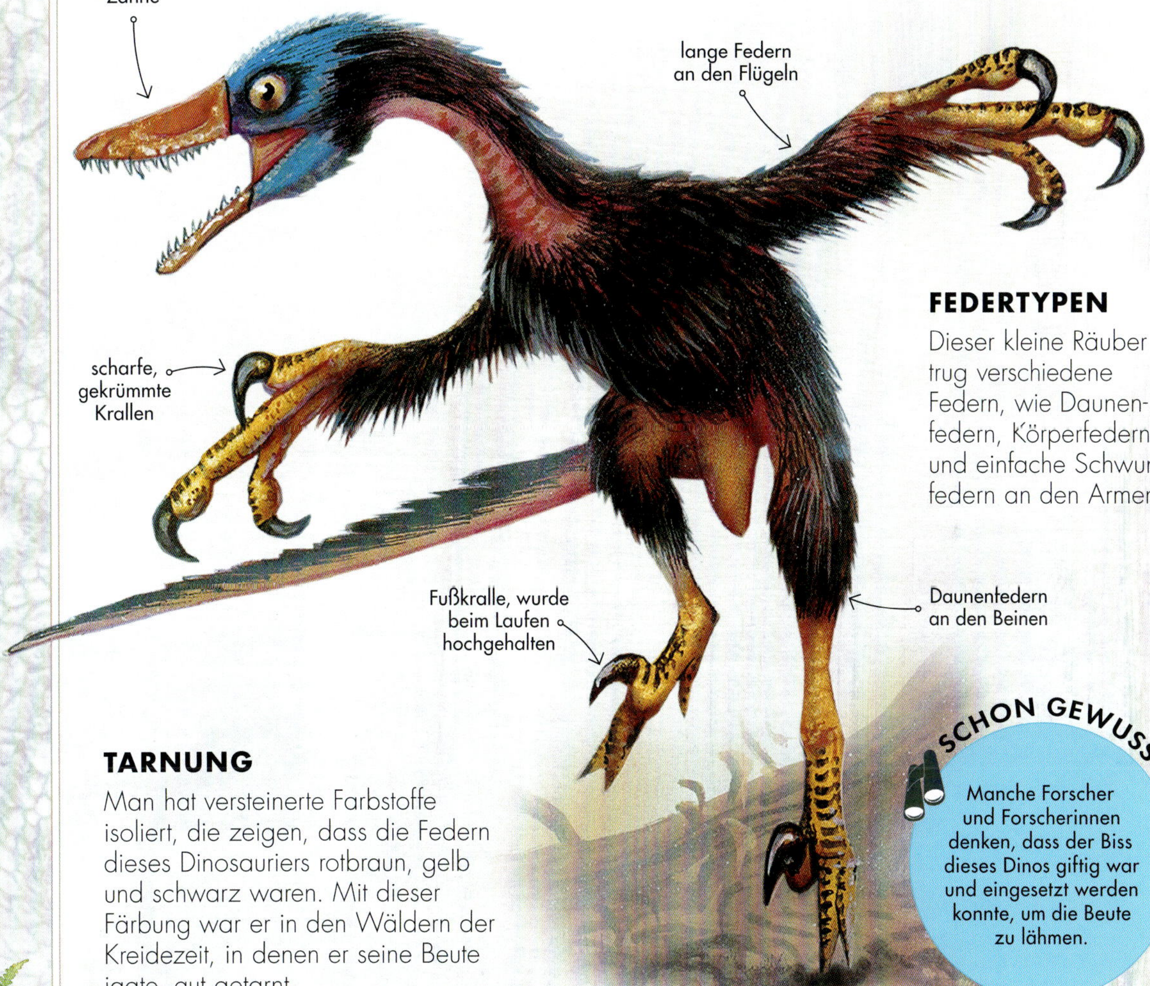

FEDERTYPEN

Dieser kleine Räuber trug verschiedene Federn, wie Daunenfedern, Körperfedern und einfache Schwungfedern an den Armen.

TARNUNG

Man hat versteinerte Farbstoffe isoliert, die zeigen, dass die Federn dieses Dinosauriers rotbraun, gelb und schwarz waren. Mit dieser Färbung war er in den Wäldern der Kreidezeit, in denen er seine Beute jagte, gut getarnt.

SCHON GEWUSST?

Manche Forscher und Forscherinnen denken, dass der Biss dieses Dinos giftig war und eingesetzt werden konnte, um die Beute zu lähmen.

Länge: 90–120 cm
Nahrung: Fleisch
Gruppe: Theropoda
Familie: Dromaeosauridae

1999 fand Xu Xing, ein bekannter chinesischer Paläontologe, ein fast vollständiges versteinertes Skelett von *Sinornithosaurus*.

SINOSAUROPTERYX

Entdeckt in: China
Lebensraum: Waldgebiete
Wann: vor 122–120 Millionen Jahren
Name bedeutet: chinesischer Echsenflügel
Besonderheit: schmerzhafter Biss

FLEISCHFRESSER

UNTERKREIDE

GEFAHRENSTUFE 1

SCHON GEWUSST?

Kein anderer Theropode hatte im Verhältnis zum restlichen Körper einen so extrem langen Schwanz.

EIN DINO MIT FEDERN

Sinosauropteryx war ein kleiner Theropode der Kreidezeit. Sein Körper war mit dünnen, hohlen federähnlichen Filamenten bedeckt, die ihn wärmten. Fliegen konnte er aber nicht.

KURZE ARME

Der Schwanz von *Sinosauropteryx* war lang, aber die Arme sehr kurz – sie machten nur ein Drittel der Beinlänge aus.

Länge: etwa 1 m
Nahrung: Fleisch
Gruppe: Theropoda
Familie: Compsognathidae

Man konnte Farbstoffe aus *Sinosauropteryx*-Fossilien isolieren. Deshalb wissen wir, dass er einen gestreiften Schwanz, einen dunklen Rücken und einen hellen Bauch hatte.

Entdeckt in: China
Lebensraum: Wälder und Ebenen
Wann: vor 130–125 Millionen Jahren
Name bedeutet: chinesischer Jäger
Besonderheit: sehr schlau

SINOVENATOR

ALLESFRESSER

UNTERKREIDE

GEFAHRENSTUFE 1

EIN FRÜHER VOGEL

Sinovenator war einer der ersten vogelähnlichen Dinosaurier und etwa so groß wie ein Huhn. Er hatte lange Beine, kurze Arme und Federn. Wie *Sinosauropteryx* konnte er nicht fliegen.

SCHON GEWUSST?

Dieser Dinosaurier jagte kleine Tiere, klaute vermutlich Eier und verschmähte auch Aas nicht.

KLEINE BEUTETIERE

Anders als sein bekannterer Verwandter *Troodon* hatte *Sinovenator* keine sägeartigen Zähne, um Fleisch größerer Beute zu zerschneiden. Stattdessen fraß er kleine Eidechsen und Insekten.

Länge: bis zu 90 cm
Nahrung: Fleisch, Pflanzen
Gruppe: Theropoda
Familie: Troodontidae

Sinovenator wies einige Merkmale von Troodonten und einige von Raptoren auf. Das zeigt, dass diese beiden Gruppen nah verwandt waren.

SINRAPTOR

Entdeckt in: China
Lebensraum: Waldgebiete
Wann: vor 169–142 Millionen Jahren
Name bedeutet: chinesischer Räuber
Besonderheit: wilder Jäger

FLEISCHFRESSER
OBERJURA
GEFAHRENSTUFE 5

SCHON GEWUSST?

Das „Sin“ im Namen des Dinos bedeutet, dass man die Fossilien in China gefunden hat.

BIG BOY

An versteinerten Knochen dieses großen Fleischfressers wurden Bissspuren eines anderen Räubers gefunden. Vielleicht stammen sie sogar von einem anderen *Sinraptor*.

WILDE KÄMPFE

Die Dinos setzten ihre langen, spitzen Zähne bei blutigen Auseinandersetzungen ein.

Länge: etwa 7,5 m
Nahrung: Fleisch
Gruppe: Theropoda
Familie: Metriacanthosauridae

Anscheinend schreckte dieser Raubdinosaurier auch vor riesigen Pflanzenfressern nicht zurück, denn man hat Sauropodenknochen mit Bissspuren von *Sinraptor* gefunden.

Entdeckt in: China
Lebensraum: Wälder und Ebenen
Wann: vor 89–65 Millionen Jahren
Name bedeutet: Echse aus Sonid
Besonderheit: mit Knochenplatten bedeckt

SONIDOSAURUS

PFLANZENFRESSER
OBERKREIDE
GEFAHRENSTUFE 2

KNOCHENPLATTEN

Dies war ein früher Titanosaurier. Bei diesen Sauropoden waren Knochenplatten in der Haut eingebettet.

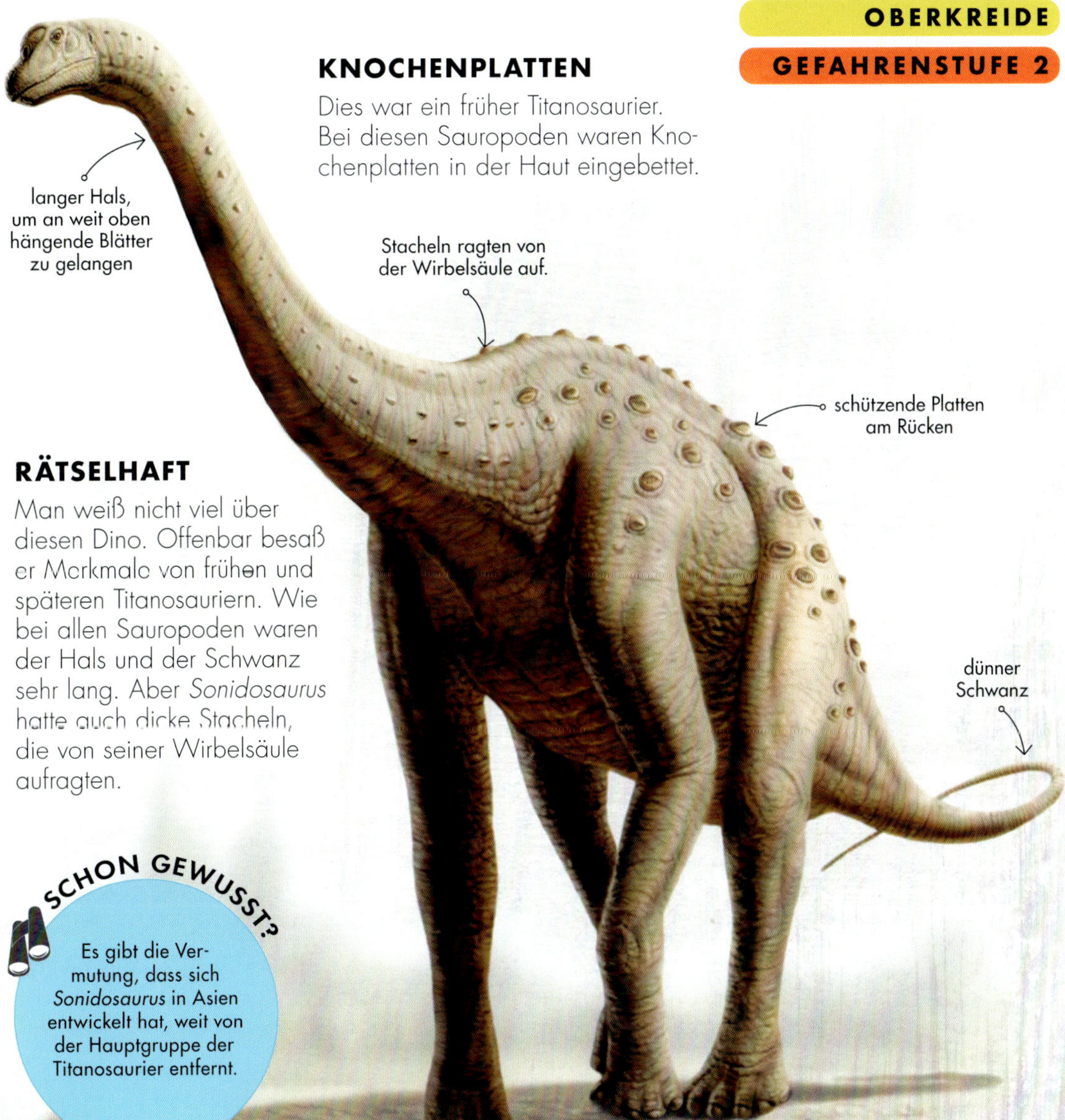

RÄTSELHAFT

Man weiß nicht viel über diesen Dino. Offenbar besaß er Merkmale von frühen und späteren Titanosauriern. Wie bei allen Sauropoden waren der Hals und der Schwanz sehr lang. Aber *Sonidosaurus* hatte auch dicke Stacheln, die von seiner Wirbelsäule aufragten.

SCHON GEWUSST?

Es gibt die Vermutung, dass sich *Sonidosaurus* in Asien entwickelt hat, weit von der Hauptgruppe der Titanosaurier entfernt.

Länge: etwa 9 m
Nahrung: Pflanzen
Gruppe: Sauropodomorpha
Familie: Titanosauria

Von *Sonidosaurus* kennt man nur ein teilweise erhaltenes Skelett: wenige Knochen vom Rücken, vom Becken, vom Schwanz und von den Rippen.

SPINOSAURUS

Entdeckt in: Ägypten
Lebensraum: Küstengebiete
Wann: vor 112–97 Millionen Jahren
Name bedeutet: Stachelechse
Besonderheit: riesiges Rückensegel

FLEISCHFRESSER

OBERKREIDE

GEFAHRENSTUFE 5

UNGEWÖHNLICHER THERОPODE

Spinosaurus war ein Theropode, dessen Kopf an den eines Krokodils erinnerte. Er trug ein Rückensegel und hatte lange Hände mit gekrümmten Krallen. Wahrscheinlich fing er damit Fische.

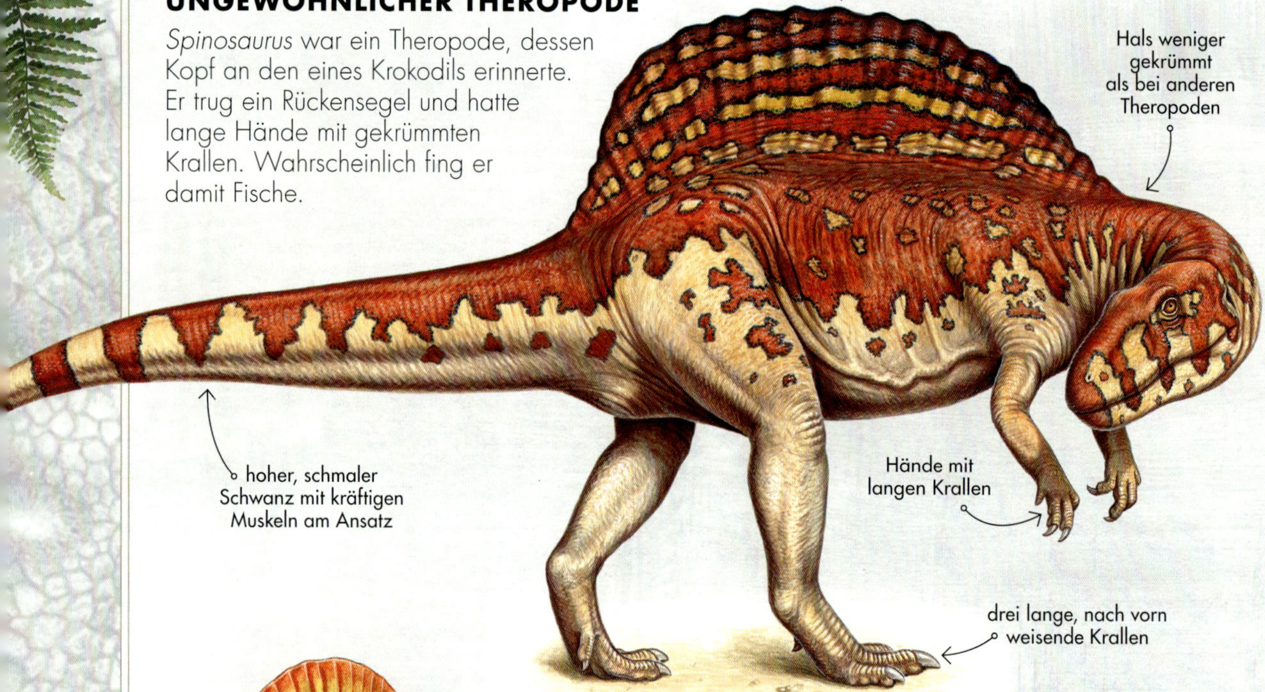

DAS RÜCKENSEGEL

Vermutlich konnte dieser Dinosaurier schwimmen und mit dem Segel vielleicht steuern. Bevor er seine Beute fraß, betäubte er sie eventuell mit dem Hals und mit dem Schwanz.

SCHON GEWUSST?

Das am besten erhaltene Skelett von *Spinosaurus* wurde im Zweiten Weltkrieg bei einem Bombenangriff in Deutschland zerstört.

Länge: bis etwa 16 m
Nahrung: Fisch, Fleisch
Gruppe: Theropoda
Familie: Spinosauridae

Mit bis zu 16 m Länge und mehr als 8 t Gewicht war *Spinosaurus* ein Gigant – und vielleicht der größte Fleischfresser, der je an Land lebte.

Entdeckt in: USA
Lebensraum: offene Waldgebiete
Wann: vor 156–144 Millionen Jahren
Name bedeutet: Dachechse
Besonderheit: schwang seinen Stachelschwanz

PFLANZENFRESSER

Stegosaurus hatte einen spitzen Schnabel, mit dem er die Nahrung abschnitt.

PLATTEN

Stegosaurus' Platten dienten zum Schmuck, zur Temperaturregulierung und zur Verteidigung.

SCHWER GEPANZERT

Stegosaurus war ein gepanzerter Dinosaurier, der sich gegen große Räuber wehren konnte. Er trug hohe Rückenplatten und hatte vier Stacheln am Schwanz, mit denen er sich verteidigte.

SCHON GEWUSST?

Obwohl dieser Dino 9 m lang und etwa 5 t schwer wurde, war sein Gehirn nicht viel größer als eine Mandarine.

STEGOSAURUS

PFLANZENFRESSER
OBERJURA
GEFAHRENSTUFE 3

Länge: etwa 9 m
Nahrung: Farne, Sträucher
Gruppe: Thyreophora
Familie: Stegosauridae

Stegosaurus trug einen Panzer. Auch an der Kehle waren über 100 kleine Knochen in die Haut eingebettet.

STRUTHIOMIMUS

ALLESFRESSER

OBERKREIDE

GEFAHRENSTUFE 2

Entdeckt in: Kanada, USA
Lebensraum: Ebenen
Wann: vor 76–74 Millionen Jahren
Name bedeutet: Straußnachahmer
Besonderheit: griff nur kleine Tiere an

SCHON GEWUSST?

Wahrscheinlich konnte *Struthiomimus* mit einer Geschwindigkeit von bis zu 50 km/h schnell rennen.

GUTER LÄUFER

Struthiomimus ähnelte einem Afrikanischen Strauß. Er hatte große Augen, schlanke Arme und lange Beine, auf denen er sprinten konnte.

ERNÄHRUNG

Struthiomimus hatte schwache Kiefer ohne Zähne und seine Hände erinnerten an Haken. Mit den Armen gelangte er nicht weit nach oben und unten, deshalb fraß er vermutlich nur niedrige Pflanzen und eventuell kleine Tiere.

Länge: bis 4 m
Nahrung: Fleisch, Pflanzen
Gruppe: Theropoda
Familie: Ornithomimidae

Viele Fossilien von *Struthiomimus* fand man in der berühmten Fundstätte „Dinosaur Provincial Park" in Alberta (Kanada).

Entdeckt in: Kanada, USA
Lebensraum: offene Waldgebiete
Wann: vor 76–70 Millionen Jahren
Name bedeutet: Echse mit Stacheln
Besonderheit: stacheliger Nackenschild

STYRACOSAURUS

PFLANZENFRESSER

OBERKREIDE

GEFAHRENSTUFE 2

ABWEHR

Der Nackenschild schützte den Hals. Mit dem Nasenhorn konnte der Dino den Bauch eines Angreifers aufreißen.

SCHON GEWUSST?

Das Horn vorn auf der Schnauze war so lang, dass *Styracosaurus* ein Theropodenbein durchbohren konnte.

STACHELIG

Styracosaurus gehörte zu einer Gruppe der Horndinosaurier, den Centrosaurinen. Ihre Nackenschilde waren mit Stacheln und Haken geschmückt. Oft war das Nasenhorn das längste Horn.

Länge: etwa 5,5 m
Nahrung: Farne, Palmfarne
Gruppe: Ceratopsia
Familie: Ceratopsidae

Mit seinem wuchtigen Körper ähnelte *Styracosaurus* einem Nashorn. Die Schulterpartie war besonders kräftig.

TALENKAUEN

PFLANZENFRESSER

OBERKREIDE

GEFAHRENSTUFE 1

Entdeckt in: Argentinien
Lebensraum: Wälder
Wann: vor 70–65 Millionen Jahren
Name bedeutet: kleiner Schädel
Besonderheit: schneller Läufer

DÜNNER PANZER

Dieser Ornithopode lebte zum Ende der Kreidezeit, aber er ähnelte eher einem Ornithopoden aus dem Jura. Über seinen Rippen hatte er kleine, sich überlappende Knochenplatten, aber sie waren zu dünn, um ihn vor Angriffen zu schützen.

GUTER LÄUFER

Talenkauen hatte lange Beine und war nicht schwer. Wenn ein Räuber angriff, hängte er ihn wohl meistens ab – denn schnell rennen konnte er!

SCHON GEWUSST?

Auch andere Ornithopoden wie *Hypsilophodon* hatten ovale Platten wie *Talenkauen*. Man weiß allerdings bis heute nicht, wozu sie dienten.

Länge: bis 4 m
Nahrung: Farne, Blätter
Gruppe: Ornithopoda
Familie: Iguanodontia

Fossilien von *Talenkauen* fand man zusammen mit denen von Raptoren und Tyrannosauriden. Vielleicht waren sie seine Feinde.

Entdeckt in: USA, Kanada
Lebensraum: subtropische Sümpfe
Wann: vor 120–110 Millionen Jahren
Name bedeutet: Sehnenechse
Besonderheit: verpasste gefährliche Tritte

TENONTOSAURUS

PFLANZENFRESSER

UNTERKREIDE

GEFAHRENSTUFE 2

AUF ALLEN VIEREN

Der Dino lief auf vier Beinen, richtete sich aber beim Fressen oder im Kampf auf.

SCHON GEWUSST?

Die Jungen von *Tenontosaurus* blieben nach dem Schlüpfen einige Zeit bei ihren Eltern.

EIN BEUTETIER

Man weiß, dass dieser Ornithopode die Beute von *Deinonychus* war, denn viele seiner Fossilien hat man in der Nähe von *Deinonychus*-Skeletten gefunden. *Deinonychus* griff wahrscheinlich junge Tenontosaurier an – und manchmal kam es zu einem Kampf auf Leben und Tod.

Länge: etwa 6–8 m
Nahrung: Farne, Palmfarne
Gruppe: Ornithopoda
Familie: Iguanodontia

Tenontosaurus weidete niedrige Sträucher ab und konnte mit seinem Schnabel zähe Pflanzen zerkleinern.

SCHON GEWUSST?

Es wird vermutet, dass es sich bei *Torosaurus* und *Triceratops* um ein und denselben Dino handelt – allerdings in einem unterschiedlichen Wachstumsstadium.

Entdeckt in: Kanada, USA
Lebensraum: Wälder
Wann: vor 67–65 Millionen Jahren
Name bedeutet: durchbohrte Echse
Besonderheit: riesiger Kopf mit Hörnern

TOROSAURUS

PFLANZENFRESSER

OBERKREIDE

GEFAHRENSTUFE 3

RIESIGER SCHÄDEL

Mit über 3 m Länge gehört der Schädel von *Torosaurus* zu den längsten Dino-Schädeln, die man je gefunden hat. Der Nackenschild nahm die Hälfte des Schädels ein, zwei große Öffnungen reduzierten das Gewicht. Dieser Dinosaurier war insgesamt leichter gebaut als *Triceratops*.

Länge: bis 9 m
Nahrung: Pflanzen
Gruppe: Ceratopsia
Familie: Ceratopsidae

Torosaurus kam offenbar nicht so häufig vor wie *Triceratops*. Auf jeden entdeckten *Torosaurus*-Schädel kommen etwa 15 *Triceratops*-Schädel.

Entdeckt in: Kanada, USA
Lebensraum: Waldgebiete und Ebenen
Wann: vor 68–65 Millionen Jahren
Name bedeutet: Dreihorngesicht
Besonderheit: spitze Hörner

TRICERATOPS

PFLANZENFRESSER
OBERKREIDE
GEFAHRENSTUFE 4

EINER DER LETZTEN

Dieser berühmte Dino lebte zum Ende der Dinosaurierzeit. Er verteidigte sich mit seinen langen, spitzen Hörnern gegen Feinde wie den gewaltigen *Tyrannosaurus rex*.

DREI HÖRNER

Die beiden Hörner über den Augen konnten fast 1 m lang werden. Das Horn auf der Schnauze war viel kürzer.

SCHON GEWUSST?

Mit seinen mächtigen Kiefern und den Zahnbatterien konnte *Triceratops* sämtliche Pflanzen zermalmen.

Länge: bis 9 m
Nahrung: Pflanzen
Gruppe: Ceratopsia
Familie: Ceratopsidae

Man hat viele Fossilien von *Triceratops* gefunden. Offenbar war er in der Oberkreide einer der häufigsten nordamerikanischen Dinosaurier.

TROODON

Entdeckt in: Kanada, USA
Lebensraum: Waldgebiete und Ebenen
Wann: vor 99–75 Millionen Jahren
Name bedeutet: Wunden reißender Zahn
Besonderheit: an jedem Fuß eine lange Kralle

ALLESFRESSER

OBERKREIDE

GEFAHRENSTUFE 3

SCHLAUER BURSCHE

Troodon war ein flinker, intelligenter Dinosaurier. Seine Augen wiesen nach vorn, sodass er räumlich sehen und Entfernungen gut einschätzen konnte. Auch sein Gehör war hervorragend.

SCHON GEWUSST?

Troodon gehörte wahrscheinlich zu den intelligentesten Dinosauriern, denn sein Gehirn war im Verhältnis zum Körper sehr groß.

DIE NAHRUNG

Die zweite Zehe an jedem Hinterfuß trug eine Sichelkralle. Beim Laufen hielt *Troodon* sie erhoben, aber er konnte mit ihr Beutetiere töten. Experten und Expertinnen vermuten, dass er auch Pflanzen fraß.

Länge: etwa 3 m
Nahrung: Fleisch, Pflanzen
Gruppe: Theropoda
Familie: Troodontidae

Man hat mehrere *Troodon*-Nester gefunden. In einigen Eiern entdeckten Forscher und Forscherinnen sogar versteinerte *Troodon*-Junge.

Entdeckt in: Kanada, USA
Lebensraum: offene Waldgebiete
Wann: vor 67–65 Millionen Jahren
Name bedeutet: Tyrannenechse
Besonderheit: riesige Kiefer

TYRANNOSAURUS

FLEISCHFRESSER
OBERKREIDE
GEFAHRENSTUFE 5

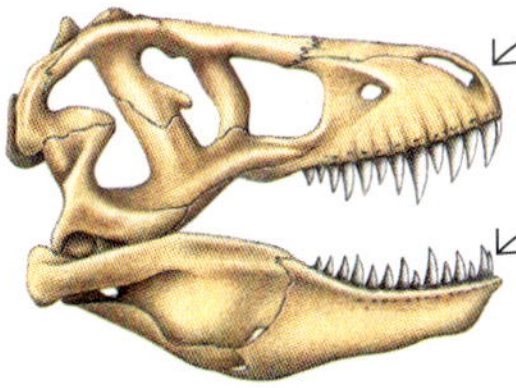

GEWALTIGE KIEFER

Kein anderer Dinosaurier hatte so große und kräftige Kiefer wie *Tyrannosaurus*.

GEFRÄSSIG

Tyrannosaurus rex lebte zum Ende der Kreidezeit, *Triceratops* und *Edmontosaurus* gehörten zu seiner Beute. Mit seinem riesigen Schädel konnte er 20 kg Fleisch am Stück verschlingen.

SCHON GEWUSST?

T. rex jagte vielleicht im Rudel und hetzte die Beute, bis sie erschöpft war. Dann erlegte er sie.

RIESIGER JÄGER

Tyrannosaurus hatte scharfsichtige Augen, einen guten Geruchssinn und kräftige Kiefer. Seine Beine waren stark, die Arme jedoch klein und er hatte nur zwei Finger. Dieser Dino fraß Aas und erbeutete auch lebende Tiere.

Dieser *Tyrannosaurus* hat einen toten *Edmontosaurus* gefunden und frisst ihn auf.

Länge: bis 12 m
Nahrung: Fleisch
Gruppe: Theropoda
Familie: Tyrannosauridae

Man hat versteinerte Knochen von *Tyrannosaurus* mit Bissspuren eines anderen *T. rex* gefunden. Die Tiere griffen sich also offenbar auch gegenseitig an.

UBIRAJARA

Entdeckt in: Brasilien
Lebensraum: Küsten eines Binnenmeeres
Wann: vor 115 Millionen Jahren
Name bedeutet: Herr des Speers
Besonderheit: hat bei der Balz vielleicht elegant getanzt

FLEISCHFRESSER

UNTERKREIDE

GEFAHRENSTUFE 2

SCHULTERSTÄBE

Die Schulterstäbe von *Ubirajara* kann man kaum übersehen. Wahrscheinlich balzte er mit ihnen. Man fand sie nur bei diesem Dino, und es handelt sich weder um Federn noch um Schuppen.

SCHON GEWUSST?

Man vermutet, dass die Schulterstäbe von *Ubirajara* beim Balztanz vibrierten und dabei ein Geräusch machten.

BORSTENMÄHNE

Die Mähne verlief am Rücken und Hals. *Ubirajara* war der erste Dinosaurier mit Federn, den man südlich des Äquators gefunden hat.

Länge: etwa 1,5 m
Nahrung: Insekten, andere kleine Tiere
Gruppe: Theropoda
Familie: Compsognathidae

Ubirajara bedeutet in der Sprache der südamerikanischen Tupi „Herr des Speers". Der Name bezieht sich auf die Schulterstäbe.

UNAYSAURUS

PFLANZENFRESSER

OBERTRIAS

GEFAHRENSTUFE 1

Entdeckt in: Brasilien
Lebensraum: Wälder
Wann: vor 225–200 Millionen Jahren
Name bedeutet: Wasserechse
Besonderheit: keine Stacheln

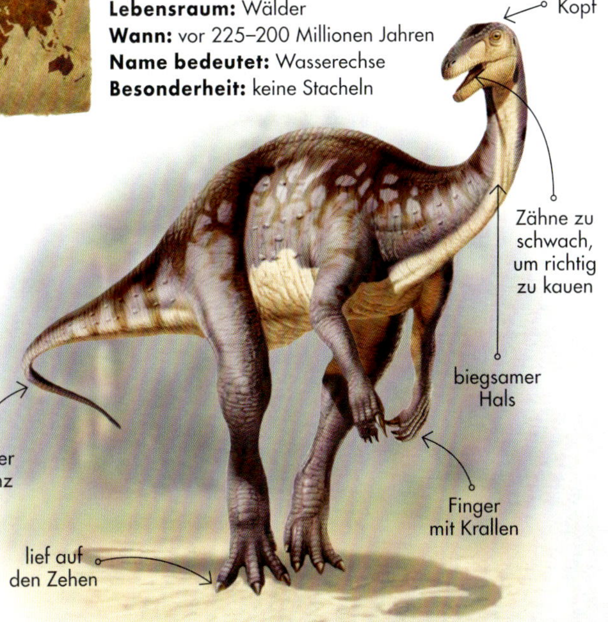

EINER DER ERSTEN

Dieser kleine, etwa 80 kg schwere Prosauropode gehörte zu den frühen Dinosauriern. Er lebte bereits, als alle Landmassen miteinander verbunden waren und den Superkontinent Pangäa bildeten. Er war nah mit *Plateosaurus* verwandt, dem ersten riesigen Sauropoden.

UTAHCERATOPS

PFLANZENFRESSER

OBERKREIDE

GEFAHRENSTUFE 3

Entdeckt in: USA
Lebensraum: Schwemmland und Gebüsche
Wann: vor 76 Millionen Jahren
Name bedeutet: Horngesicht aus Utah
Besonderheit: griff vielleicht mit dem Nasenhorn an

NASENHORN

Utahceratops hatte einen gewaltigen Schädel. Mit bis zu 2,5 m Länge war dieser viel größer als ein erwachsener Mensch! Wenn der Dino angegriffen wurde, konnte er dem Feind mit seinem Horn über den Nasenlöchern große Verletzungen zufügen.

Länge: etwa 2,5 m
Nahrung: Pflanzen
Gruppe: Sauropodomorpha
Familie: Prosauropoda

Länge: etwa 7 m
Nahrung: Pflanzen
Gruppe: Ceratopsia
Familie: Ceratopsidae

UTAHRAPTOR

FLEISCHFRESSER

UNTERKREIDE

GEFAHRENSTUFE 5

Entdeckt in: USA
Lebensraum: offene Waldgebiete
Wann: vor 126 Millionen Jahren
Name bedeutet: Dieb aus Utah
Besonderheit: tödliche Fußkralle

RIESIGER JÄGER

Utahraptor war ein riesiger vogelähnlicher Dromaeosaurier. Er hatte an jedem Fuß eine über 20 cm lange Sichelkralle, mit der er angriff. Der Dino wog ungefähr 500 bis 800 kg und war so schnell, dass er alle Tiere erwischte, die kleiner waren als er selbst.

GEFÄHRLICHE KRALLEN

Mit seinen Krallen erdolchte *Utahraptor* seine Beute oder riss ihr den Bauch auf. Es gibt auch die Vermutung, dass er sie erstickt haben könnte.

SCHON GEWUSST?

Wie andere Dromaeosaurier trug *Utahraptor* wahrscheinlich lange, bunte Federn an den Armen und am Schwanz.

WAPPENTIER

Utahraptor ist der Wappen-Dinosaurier vom Bundestaat Utah (USA).

Länge: 6–7 m
Nahrung: Fleisch
Gruppe: Theropoda
Familie: Dromaeosauridae

Utahraptor sprang dem Beutetier vermutlich mit der Sichelkralle voran auf den Rücken und zerriss es oder schlitzte es auf.

Entdeckt in: Mongolei, China
Lebensraum: offene Waldgebiete
Wann: vor 74–71 Millionen Jahren
Name bedeutet: schneller Dieb
Besonderheit: flinker Raubsaurier

VELOCIRAPTOR

FLEISCHFRESSER
OBERKREIDE
GEFAHRENSTUFE 5

EIN RÄUBER

Velociraptor war ein leicht gebauter, schneller Jäger mit Sichelkrallen an den Füßen. Sein Gehirn war relativ groß, deshalb gehörte er vielleicht zu den intelligentesten Dinos. Auf jeden Fall ist er einer der bekanntesten.

FEDERN

An den Armknochen von *Velociraptor* erkennt man dieselben Federansatzstellen wie an den Flügelknochen von Vögeln.

SCHON GEWUSST?

In der Wüste Gobi hat man 1971 einen *Velociraptor* gefunden, der im Todeskampf mit einem *Protoceratops* versteinert ist.

GROSSES GEHIRN

Das Gehirn dieses Dinos war groß im Verhältnis zum Körper. Nur Troodontiden hatten vielleicht noch größere Gehirne.

Länge: 1,8 m
Nahrung: Fleisch
Gruppe: Theropoda
Familie: Dromaeosauridae

Velociraptor war nicht nur intelligent, sondern hatte zudem gefährliche Fingerkrallen sowie messerscharfe Fußkrallen.

WUERHOSAURUS

PFLANZENFRESSER

UNTERKREIDE

GEFAHRENSTUFE 3

Entdeckt in: China
Lebensraum: tropische Ebenen
Wann: vor 135–120 Millionen Jahren
Name bedeutet: Echse aus Wuerho
Besonderheit: gefährlicher Schwanz

EINER DER LETZTEN

Dieser Dinosaurier der Kreidezeit könnte einer der letzten riesigen Stegosaurier gewesen sein. Die bekanntesten Stegosaurier lebten bereits im Jura.

SCHON GEWUSST?

Wuerhosaurus musste sich mit dem Schwanz verteidigen, denn der Dino war so schwer, dass er nicht rennen konnte.

RÜCKENPLATTEN

Wie sein amerikanischer Vetter *Stegosaurus* hatte *Wuerhosaurus* vier Stacheln am Schwanzende und Platten entlang der Wirbelsäule. Man weiß aber nicht, ob sie ähnlich geformt waren wie die hohen dreieckigen Platten von *Stegosaurus*.

Länge: bis zu 7,5 m
Nahrung: Pflanzen
Gruppe: Stegosauria
Familie: Stegosauridae

Wuerhosaurus hielt seinen Kopf tiefer als seine Verwandten im Jura. Vermutlich fraß er vor allem niedrige Sträucher.

Entdeckt in: China
Lebensraum: Wälder
Wann: vor 159–154 Millionen Jahren
Name bedeutet: verborgener Drache
Besonderheit: klein und schnell

YINLONG

PFLANZENFRESSER
OBERJURA
GEFAHRENSTUFE 1

SCHON GEWUSST?
Yinlong gilt als der ursprünglichste Horndinosaurier – jedenfalls von allen Dinos, die man bisher kennt. Zu seinen Nachfahren gehörte der gewaltige *Triceratops*.

UNGEWÖHNLICH

Yinlong ist der einzige bekannte Horndinosaurier aus dem Jura. Alle anderen lebten erst in der Kreide. Er hatte Knochenhöcker am Schädel, ähnlich wie ein Dickkopfdinosaurier.

SCHNABEL

Vorn an der Schnauze befand sich ein Schnabel aus Horn. Außerdem hatte er zwei Reißzähne.

Länge: etwa 3 m
Nahrung: Pflanzen
Gruppe: Cerapoda
Familie: Ceratopsidae

Yinlong war ein kleiner, flinker Pflanzenfresser, der auf den Hinterbeinen lief. Auf der Flucht rannte er vermutlich durchs Unterholz.

REGISTER

Für Begriffe, die im Buch sehr häufig vorkommen, sind hier nur die Seitenzahlen für den Teil „Dinosaurier-Wissen" (S. 8–35) angegeben; vgl. zum Beispiel „Stacheln", „Theropoden" usw.

P Q

R

S

T

U V W Y Z